U0829268

KONGBU
ZHUYI
FA

图解
反恐怖主义法

宋海彬 杨磊 谭堃 / 著　　夏陈豪 / 绘

中国法制出版社
CHINA LEGAL PUBLISHING HOUSE

图书在版编目(CIP)数据

图解反恐怖主义法 / 宋海彬，杨磊，谭堃著；夏陈豪绘 .— 北京：中国法制出版社，2020.5

ISBN 978-7-5216-1020-8

Ⅰ.①图… Ⅱ.①宋… ②杨… ③谭… ④夏… Ⅲ.①反恐怖活动—国家安全法—中国—图解 Ⅳ.① D922.14-64

中国版本图书馆 CIP 数据核字(2020)第 063821 号

责任编辑 陈 兴 孙 静　　封面设计 杨泽江

图解反恐怖主义法

TUJIE FANKONGBU ZHUYIFA

著者 / 宋海彬　杨磊　谭堃

绘者 / 夏陈豪

经销 / 新华书店

印刷 / 煤炭工业出版社印刷厂

开本 / 880 毫米 ×1230 毫米 32 开　　印张 / 7.75　字数 / 146 千

版次 / 2020 年 5 月第 1 版　　2020 年 5 月第 1 次印刷

中国法制出版社出版

书号 ISBN 978-7-5216-1020-8　　定价：49.80 元

北京西单横二条 2 号　邮政编码 100031　　传真：010-66031119

网址：http://www.zgfzs.com　　**编辑部电话：010-66070046**

市场营销部电话：010-66033393　　**邮购部电话：010-66033288**

(如有印装质量问题，请与本社印务部联系调换。电话：010-66032926)

目录 CONTENTS

《中华人民共和国反恐怖主义法》于 2016 年 1 月 1 日起施行。

第一章

反恐态势与立法背景

- **反恐态势与立法背景**
  - 国际反恐态势
  - 国内反恐局势
  - 《反恐怖主义法》立法目的

一、国际反恐态势

恐怖主义是全世界的共同敌人。恐怖活动组织和个人通过实施暴力恐怖活动，制造社会恐慌，胁迫、强制政府或国际组织，以实现其政治、意识形态等目的。恐怖主义不仅威胁各国的国家安全、社会稳定、人民生命和财产安全，而且对国与国之间的友好交往，对世界和平，甚至对人类的基本权利和自由都产生严峻挑战，是威胁世界和平与发展的重要因素。

20 世纪 90 年代以来，国际恐怖主义愈演愈烈，在世界范围内制造了一系列具有国际影响的重大恐怖袭击事件，对民众进行血腥屠杀，给世界人民造成深重灾难。比如 1995 年日本东京地铁沙林毒气事件、2001 年美国“9・11”恐怖袭击事件、2013 年 4 月 15 日美国波士顿马拉松爆炸案、2015 年 11 月 13 日发生在法国巴黎的暴恐袭击事件等。

当前，国际恐怖主义进入了新一轮活跃期，恐怖主义在组织形态、活动方式等方面出现了新的特点，对国际安全形势带来很大的负面影响，国际反恐形势更加复杂严峻。

面对如此严峻的反恐形势，自20世纪60年代以来，联合国先后发布《消除国际恐怖主义措施宣言》《关于打击恐怖主义的宣言》等，呼吁世界各国共同与恐怖主义作斗争。在其专门机构和国际原子能机构的主持下，国际社会制定了《关于在航空器内的犯罪和犯有某些其他行为的公约》《关于制止非法劫持航空器的公约》《关于制止危害民用航空安全的非法行为的公约》《反对劫持人质国际公约》《制止恐怖主义爆炸的国际公约》《制止向恐怖主义提供资助的国际公约》《制止核恐怖主义行为国际公约》等13项全球性的反恐怖主义公约，并正在制定联合国第14项反恐怖主义国际条约，即《关于国际恐怖主义的全面公约（草案）》。联合国安理会也作出一系列决议，并强烈谴责恐怖主义，呼吁国际社会采取一切必要的措施，加强反恐怖主义国际合作，共同打击恐怖主义。

自20世纪中期以来，一些受到恐怖主义威胁或者危害的国家，已经开始进行反恐怖主义专门立法。如1948年以色列《预防恐怖主义条例》，1974年英国《预防恐怖活动法（暂行规定）》，1984年美国《禁止支援恐怖主义活动法》、1986年《外交安全与反恐怖主义法》等。20世纪90年代以来，世界各国更加重视以法律手段预防和打击恐怖主义。如秘鲁于1992年颁布了4部反恐怖主义法案，1996年美国《反恐怖主义和有效死刑法》，1998年俄罗斯《反恐怖主义法》，2000年英国《反恐怖主义法》等。

进入 21 世纪以来，世界范围内接连发生的一系列重大恐怖袭击事件直接加快了世界各国的反恐怖主义专门立法进程。世界各国纷纷专门制定反恐怖主义法，或者对原有的法律进行修改完善。如 2001 年美国《爱国者法案》、2002 年德国《反国际恐怖主义法》、2006 年俄罗斯《反恐怖主义法》等。

二、国内反恐局势

当前，我国社会大局总体稳定，但受到国际及国内多种因素影响，我国反恐斗争形势依然严峻、复杂。暴力恐怖势力、宗教极端势力、民族分裂势力等“三股势力”三位一体，以分裂为最终目标、以极端主义为思想基础、以恐怖主义为手段境内外勾结，大肆宣扬和传播恐怖主义、极端主义思想，制造宗教狂热，煽动仇恨、鼓吹暴力，相继制造了一批像新疆乌鲁木

齐2009年“7·5”打砸抢烧严重暴力犯罪事件[①]、北京2013年“10·28”天安门暴力恐怖袭击事件[②]、云南昆明2014年“3·1”火车站严重暴力恐怖袭击[③]等暴力恐怖事件，残杀无辜，挑起暴乱骚动，对国家安全、政治稳定、经济社会发展、民族团结和公民财产安全都构成严重伤害和威胁。

我国反对一切形式的恐怖主义，坚决打击、惩治恐怖活动，依法取缔恐怖活动组织，全国人大及其常委会高度重视反恐怖主义法律制度建设。截至目前，我国已批准或加入了12项全球性反恐怖主义公约，并正在积极参加联合国《关于国际恐怖主义的全面公约（草案）》的制定工作。我国也与一些国家缔结了《打击恐怖主义、分裂主义和极端主义上海公约》《上海合作组织反恐怖主义条约》等区域性反恐怖主义公约，并与哈萨克斯坦、吉尔吉斯斯坦、巴基斯坦等一系列国家，签订了关于打击恐怖主义、分裂主义和极端主义的双边条约和合作协定，推进共同打击恐怖势力的国际合作。

---

① 参见《（2009专题）乌鲁木齐打砸抢烧严重暴力犯罪事件》，载人民网，http://politics.people.com.cn/GB/8198/160488/，最后访问时间：2020年3月31日。

② 参见《“10·28”天安门暴恐事件画面公布》，载人民网，http://tv.people.com.cn/n/2014/0626/c61600-25203040.html，最后访问时间：2020年3月30日。

③ 参见《今日关注（2014.03.02）昆明暴恐事件震惊国人 打击恐怖犯罪刻不容缓！》载央视网，http://tv.cctv.com/2014/03/02/VIDE1393772514407529.shtml，最后访问时间：2020年3月30日。

2014年4月，根据中央有关决策部署，由国家反恐怖主义工作领导机构牵头，公安部会同全国人大常委会法制工作委员会、国家安全部、工业和信息化部、中国人民银行、国务院法制办公室[①]、武警总部等部门成立起草小组，组成专班，着手起草反恐怖主义法。草案于2014年10月提请全国人大常委会审议。2015年12月27日，第十二届全国人大常委会第十八次会议审议通过了《中华人民共和国反恐怖主义法》（以下简称《反恐怖主义法》）。在起草过程中，全国人大法律委员会、全国人大常委会法制工作委员会多次深入一些地方调查研究，召开各种形式的研究论证会，听取各方面意见，就有关问题与有关部门反复研究。反恐怖主义立法在总体国家安全观指导下，全面分析反恐怖主义形势，坚持问题导向，从实际出发，认真总结近年来防范和打击恐怖活动的斗争经验，研究借鉴国外一些有效做法，明确了恐怖主义等定义和反恐怖主义工作的基本原则，进一步完善了反恐工作的体制机制，强化了安全防范措施，增强了应对处置能力。

---

① 2018年3月，根据第十三届全国人民代表大会第一次会议批准的国务院机构改革方案，将国务院法制办公室的职责整合，重新组建中华人民共和国司法部，不再保留国务院法制办公室。

三、《反恐怖主义法》立法目的

恐怖主义是全人类共同的敌人。防范和惩治恐怖活动，加强反恐怖主义工作，维护国家安全、公共安全和人民生命财产安全，是制定《反恐怖主义法》的目的。

制定《反恐怖主义法》对进一步健全完善反恐工作的机制体制和国家安全法律制度体系、维护国家安全、公共安全和人民生命财产安全，具有重要意义，符合当前同恐怖主义作斗争的现实需要，也体现我国作为一个负责任大国的国际责任。

相关法条

《反恐怖主义法》

第一条 为了防范和惩治恐怖活动，加强反恐怖主义工作，维护国家安全、公共安全和人民生命财产安全，根据宪法，制定本法。

第二章

恐怖主义及其相关概念

- **恐怖主义及其相关概念**
  - 什么是恐怖主义
    - 恐怖主义的概念
    - 明确概念的意义
  - 恐怖组织及其人员包括哪些
    - 什么是恐怖活动组织
    - 什么是恐怖活动
    - 恐怖活动人员包括哪些人
  - 如何认定恐怖组织及其人员
    - 原因——为何需要对恐怖活动组织及人员进行严格认定
    - 主体——恐怖活动组织及人员由哪个部门具体认定
    - 渠道——恐怖活动人员的两种认定渠道
    - 程序——恐怖活动组织及人员认定的具体程序

一、什么是恐怖主义

（一）恐怖主义的概念

我国《反恐怖主义法》首次以立法的形式对恐怖主义进行了明确定义。即该法第三条第一款规定："本法所称恐怖主义，是指通过暴力、破坏、恐吓等手段，制造社会恐慌、危害公共安全、侵犯人身财产，或者胁迫国家机关、国际组织，以实现其政治、意识形态等目的的主张和行为。”

（二）明确概念的意义

在法律中明确恐怖主义的概念，有利于社会公众认清恐怖主义、恐怖活动及恐怖活动组织、恐怖活动人员的本质，同恐怖主义作坚决的斗争；有利于有关部门准确把握恐怖主义、恐怖活动的性质和范围，采取切实有效的防范、打击和应对处置措施；有利于司法机关在刑事诉讼中准确适用有关法律，严厉惩治恐怖活动犯罪；有利于规范有关部门的反恐怖主义工作，促进对相关法律制度的正确理解，保证执法统一；也有利于开展国际反恐怖主义合作。

二、恐怖组织及其人员包括哪些

（一）什么是恐怖活动组织

1. 恐怖活动组织的概念

恐怖组织是一些反社会和反国家的人组织在一起的犯罪组织，而恐怖分子就是这个恐怖组织的成员，他们有组织、有目的地对人民和国家进行惨无人道的恐怖可怕的伤害行动。

《反恐怖主义法》第三条第三款规定：“本法所称恐怖活动组织，是指三人以上为实施恐怖活动而组成的犯罪组织。”

2. 恐怖活动组织的特点

（1）人员数量为三人以上。

（2）为实施恐怖活动而组成。这里所说的“恐怖活动”，包括《反恐怖主义法》第三条第二款规定的各种恐怖活动。也就是说，不仅为实施杀人、放火、投放危险物质、爆炸、劫机等暴力恐怖活动而组成的犯罪组织，为实施其他恐怖活动，比如，进行恐怖主义融资、恐怖活动培训、宣扬恐怖主义等而组成的犯罪组织，也是本款规定的恐怖活动组织。

（3）属于犯罪组织。包括为实施恐怖活动而组成的较为固定的犯罪集团和三人以上为实施恐怖活动而组成的犯罪团伙。后者这类犯罪团伙虽然组织形态不太严密，但也应当被认定为恐怖活动组织。

（二）什么是恐怖活动

恐怖活动组织以实施具体的恐怖活动为目的。我国反恐怖主义立法也对恐怖活动作出明确规定。

《反恐怖主义法》第三条第二款明确规定："本法所称恐怖活动，是指恐怖主义性质的下列行为：

"（一）组织、策划、准备实施、实施造成或者意图造成人员伤亡、重大财产损失、公共设施损坏、社会秩序混乱等严重社会危害的活动的；

"（二）宣扬恐怖主义，煽动实施恐怖活动，或者非法持有宣扬恐怖主义的物品，强制他人在公共场所穿戴宣扬恐怖主义的服饰、标志的；

"（三）组织、领导、参加恐怖活动组织的；

"（四）为恐怖活动组织、恐怖活动人员、实施恐怖活动或者恐怖活动培训提供信息、资金、物资、劳务、技术、场所等支持、协助、便利的；

"（五）其他恐怖活动。"

我国《反恐怖主义法》对恐怖活动采取的是列举式的规定

方式，这样的立法模式能够清楚表明反恐怖主义工作主要针对的对象，同时也可以避免惩治范围的不当扩大。

（三）恐怖活动人员包括哪些人

恐怖活动组织都是由个人组成，恐怖活动的具体行为也都是由他们来实施。准确认定恐怖活动人员对于打击和防范恐怖主义具有重要意义。《反恐怖主义法》第三条第四款规定：“本法所称恐怖活动人员，是指实施恐怖活动的人和恐怖活动组织的成员。”根据该款以及《反恐怖主义法》对恐怖组织的规定，恐怖活动人员实际上包括两种类型：

1. 恐怖活动组织的成员

恐怖活动组织以实施恐怖活动为宗旨，组成恐怖活动组织的成员是恐怖活动人员。具体包括组织、领导、参加恐怖活动组织的人员、在恐怖活动组织中从事准备恐怖活动、训练恐怖活动人员、为恐怖活动组织筹措资金以及具体实施恐怖活动的人员。

简言之，只要其加入了恐怖活动组织，就应当被认定为恐怖活动人员，而不论其是否在客观上实际实施了恐怖活动。

2. 非恐怖组织成员的恐怖活动人员

在恐怖活动组织之外，并不是就不存在恐怖活动人员。由于认定恐怖活动组织的存在本身需要具备一些法律规定的条件，因此，当不具备这些条件时不被认定为法律意义上的恐怖活动组织。但如果组织中的行为人实施了恐怖活动，仍然是恐怖活动人员。

三、如何认定恐怖组织及其人员

（一）原因——为何需要对恐怖活动组织及人员进行严格认定

1. 发现的需要

恐怖活动组织及人员平时处于隐蔽状态，与社会一般人相比并无异样。且由于恐怖主义界定本身就较为困难，因此，哪些是恐怖活动组织及人员不能被一般公众所知晓，对于恐怖主义活动的防范极为不利。所以，有必要通过法律程序明确认定恐怖活动组织及人员，使其无处藏身。

2. 甄别、区分的需要

某一组织或个人一旦被认定为恐怖活动组织或者恐怖活动人员，其行为将受到各方面的限制，直至受到刑罚制裁。因此，需要对恐怖活动组织及人员进行准确的认定，以避免反恐怖主义工作的打击面过大，扰乱我国民众正常的生活秩序，侵害公民个人的人权。

（二）主体——恐怖活动组织及人员由哪个部门具体认定

《反恐怖主义法》第十二条规定："国家反恐怖主义工作领导机构根据本法第三条的规定，认定恐怖活动组织和人员，由国家反恐怖主义工作领导机构的办事机构予以公告。”

根据该条规定，有权认定恐怖活动组织及人员的机构是“国家反恐怖主义工作领导机构”。

（三）渠道——恐怖活动人员的两种认定渠道

一是由国家反恐怖主义工作领导机构认定，二是由人民法院在刑事诉讼中依法认定。对于国家反恐怖主义工作领导机构认定的恐怖活动人员，以及人民法院依法认定的恐怖活动人员中需要予以公告的，统一由国家反恐怖主义工作领导机构的办事机构予以公告。

（四）程序——恐怖活动组织及人员认定的具体程序

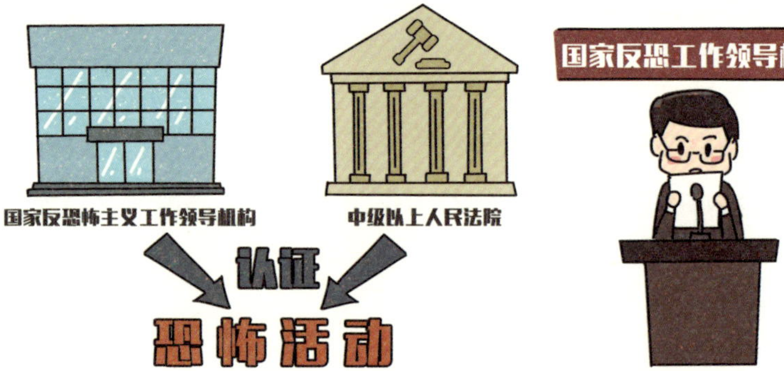

1. 如何申请相关部门认定恐怖活动组织及人员

国家反恐怖主义工作领导机构对恐怖活动组织及人员的认

定工作需要相关部门提出申请方能启动。《反恐怖主义法》第十三条规定："国务院公安部门、国家安全部门、外交部门和省级反恐怖主义工作领导机构对于需要认定恐怖活动组织和人员的，应当向国家反恐怖主义工作领导机构提出申请。"

公安机关作为国内刑事案件的侦查机关，对国内的恐怖活动犯罪具有侦查权，在此过程中可以针对国内可能存在的恐怖活动组织及人员的认定向国家反恐怖主义工作领导机构提出申请。

国家安全机关负责保卫国家安全，在境外恐怖活动组织及人员对我国安全造成威胁时，需要其搜集相关情报并开展侦查工作。因而由其对此过程中的恐怖活动组织及人员的认定工作提出申请。

外交部负责我国外交事务，在反恐怖主义工作中对反恐怖主义国际合作等事务负有职责。当前恐怖主义的特征是日趋国际化，这就要求各国之间展开反恐合作。外交部在反恐国际合作事务中遇有需要各国共同打击的恐怖活动组织及人员，则应当提请国家反恐怖主义工作领导机构予以认定。

地方各级反恐怖主义工作领导机构在上级机构的领导与指挥下开展工作，对在本地区反恐怖主义工作中需要认定的恐怖活动组织及人员，应当层报，由省级反恐怖主义工作领导机构向国家反恐怖主义工作领导机构提出认定申请。

国家反恐怖主义工作领导机构接到上述机构的认定申请，应当及时进行审查，作出是否予以认定的决定。

2. 被认定为恐怖活动组织及人员后将面临什么后果

认定恐怖活动组织及人员的目的在于进一步对其采取措施，防范或者惩治其实施具体的恐怖活动。因此，在被认定为恐怖活动组织或者人员后，必然面临不利影响。《反恐怖主义法》第十四条规定：“金融机构和特定非金融机构对国家反恐怖主义工作领导机构的办事机构公告的恐怖活动组织和人员的资金或者其他资产，应当立即予以冻结，并按照规定及时向国务院公安部门、国家安全部门和反洗钱行政主管部门报告。”

3. 被认定为恐怖活动组织及人员后是否存在救济途径

被认定为恐怖活动组织及人员之后，其日常生产、经营等活动必将产生影响。因此，如果恐怖活动组织及人员认定工作存在偏差，则会影响相关组织及人员的合法权益。因此，在法律上赋予被认定为恐怖活动组织及人员以救济权利实为必要。

《反恐怖主义法》第十五条第一款规定：“被认定的恐怖活动组织和人员对认定不服的，可以通过国家反恐怖主义工作领导机构的办事机构申请复核。国家反恐怖主义工作领导机构应当及时进行复核，作出维持或者撤销认定的决定。复核决定为最终决定。”即对被认定为恐怖活动组织及人员后的救济途径的规定。

复核需要依照一定的程序进行。首先，相关组织及人员对认定不服的，可以通过国家反恐怖主义工作领导机构的办事机构申请复核。办事机构接到复核申请后，及时报请国家反恐怖主义工作领导机构进行复核。然后，国家反恐怖主义工作领导机构经复核后，作出维持认定或者撤销认定的决定。需要注意的是，国家反恐怖主义工作领导机构的复核决定为最终决定。对国家反恐怖主义工作领导机构的复核决定不服的，不能再提起行政复议或者行政诉讼。最后，国家反恐怖主义工作领导机构作出撤销认定的决定的，由国家反恐怖主义工作领导机构的办事机构予以公告；组织或个人资金、资产已被冻结的，应当解除冻结。

4. 认定恐怖活动组织及人员的司法程序如何

被认定为恐怖活动组织或者人员的，将面临相应的法律后果。因此，我们在认定恐怖活动组织及人员时应当谨慎进行，避免侵害公民的合法权益。通过一定的司法程序具体认定恐怖活动组织及人员，为认定过程的合法性、公正性、科学性提供了有力保证。人民法院在审理恐怖活动犯罪案件的过程中，首先就需要明确案件的性质，而确定案件性质也同样需要对恐怖活动组织及人员进行认定。

因此，《反恐怖主义法》设置了恐怖活动组织及人员的司法认定程序。第十六条规定："根据刑事诉讼法的规定，有管辖权的中级以上人民法院在审判刑事案件的过程中，可以依法认定恐怖活动组织和人员。对于在判决生效后需要由国家反恐怖主义工作领导机构的办事机构予以公告的，适用本章的有关规定。”

相关法条

《反恐怖主义法》

第三条 本法所称恐怖主义，是指通过暴力、破坏、恐吓等手段，制造社会恐慌、危害公共安全、侵犯人身财产，或者胁迫国家机关、国际组织，以实现其政治、意识形态等目的的主张和行为。

本法所称恐怖活动，是指恐怖主义性质的下列行为：

（一）组织、策划、准备实施、实施造成或者意图造成人员伤亡、重大财产损失、公共设施损坏、社会秩序混乱等严重社会危害的活动的；

（二）宣扬恐怖主义，煽动实施恐怖活动，或者非法持有宣扬恐怖主义的物品，强制他人在公共场所穿戴宣扬恐怖主义的服饰、标志的；

（三）组织、领导、参加恐怖活动组织的；

（四）为恐怖活动组织、恐怖活动人员、实施恐怖活动或者恐怖活动培训提供信息、资金、物资、劳务、技术、场所等支持、协助、便利的；

（五）其他恐怖活动。

本法所称恐怖活动组织，是指三人以上为实施恐怖活动而组成的犯罪组织。

本法所称恐怖活动人员，是指实施恐怖活动的人和恐怖活动组织的成员。

本法所称恐怖事件，是指正在发生或者已经发生的造成或者可能造成重大社会危害的恐怖活动。

第十二条　国家反恐怖主义工作领导机构根据本法第三条的规定，认定恐怖活动组织和人员，由国家反恐怖主义工作领导机构的办事机构予以公告。

第十三条　国务院公安部门、国家安全部门、外交部门和省级反恐怖主义工作领导机构对于需要认定恐怖活动组织和人员的，应当向国家反恐怖主义工作领导机构提出申请。

第十五条　被认定的恐怖活动组织和人员对认定不服的，可以通过国家反恐怖主义工作领导机构的办事机构申请复核。国家反恐怖主义工作领导机构应当及时进行复核，作出维持或者撤销认定的决定。复核决定为最终决定。

国家反恐怖主义工作领导机构作出撤销认定的决定的，由国家反恐怖主义工作领导机构的办事机构予以公告；资金、资产已被冻结的，应当解除冻结。

第十六条　根据刑事诉讼法的规定，有管辖权的中级以上人民法院在审判刑事案件的过程中，可以依法认定恐怖活动组织和人员。对于在判决生效后需要由国家反恐怖主义工作领导机构的办事机构予以公告的，适用本章的有关规定。

第三章

反恐怖主义工作的运行模式

- **反恐怖主义工作的运行模式**
  - 工作机构：机构设置、职权内容
    - 机构设置
    - 职权内容
  - 工作立场：坚决抵制、立场鲜明
    - 反对一切形式的恐怖主义
    - 不向任何恐怖活动组织和人员妥协
  - 工作原则：三原则
    - 坚持专门工作与群众路线相结合的原则
    - 坚持防范为主、惩防结合的原则
    - 坚持先发制敌、保持主动的原则
  - 工作方略：战略重视、综合施策
    - 战略上提高重视
    - 策略上标本兼治
    - 具体实施方略
  - 工作协调：相互协作、共同反恐
    - 有关国家机关共同反恐的必要性
    - 有关国家机关共同反恐的具体要求
  - 工作注意事项：依法反恐、保障人权、禁止歧视
    - 依法反恐，依法治国是我们的基本方略，在反恐怖主义立法和执法工作中，应当坚持依法反恐
    - 反恐怖主义工作要尊重和保障人权，维护公民和组织的合法权益
    - 禁止歧视性规定

一、工作机构：机构设置、职权内容

（一）机构设置

《反恐怖主义法》第七条第一款规定："国家设立反恐怖主义工作领导机构，统一领导和指挥全国反恐怖主义工作。"

这种领导和指挥，主要是对全局性工作的领导和指挥。比如，制定、落实国家反恐怖主义工作的方针、政策，研究解决反恐怖主义工作的源头性、全局性问题，组织、协调、指导开展安全防范、情报信息、调查、应对处置、国际合作等，统筹协调各地区各有关部门抓好中央各项反恐怖主义决策部署的落实，协调反恐怖主义综合治理工作等。

其中规定的"指挥"，包括国家反恐怖主义工作领导机构依据《反恐怖主义法》的规定，直接指挥一些具体的反恐怖主义工作。比如，根据该法第四十二条第一款的规定，"国家反恐怖主义工作领导机构建立国家反恐怖主义情报中心，实行跨部门、跨地区情报信息工作机制，统筹反恐怖主义情报信息工作"；根据该法第五十六条的规定，国家反恐怖主义工作领导机构负责指挥跨省、自治区、直辖市发生的恐怖事件或者特别重大恐怖事件的应对处置工作等。

（二）职权内容

《反恐怖主义法》第七条第二款规定：“设区的市级以上地方人民政府设立反恐怖主义工作领导机构，县级人民政府根据需要设立反恐怖主义工作领导机构，在上级反恐怖主义工作领导机构的领导和指挥下，负责本地区反恐怖主义工作。”

一方面，明确了地方各级反恐怖主义工作领导机构的职责，各级反恐怖主义工作领导机构，是本地区反恐怖主义工作的领导指挥机构；根据该法及相关规定，具体负责国家反恐怖主义方针、政策以及上级命令在本地区的贯彻执行，领导指挥本地区反恐怖主义各有关部门的安全防范、情报信息等工作，负责指挥本地区发生的恐怖事件的应对处置工作，及时向上级报告本地区反恐怖主义工作有关情况和信息等。

另一方面，明确了上下级反恐怖主义工作领导机构之间的关系。根据该法第七条第二款的规定，上下级反恐怖主义工作领导机构之间是领导、指挥与被领导、被指挥的关系，下级反恐怖主义领导机构要落实上级反恐怖主义工作领导机构的方针、政策，服从并执行上级反恐怖主义工作领导机构的命令，及时向上级反恐怖主义工作领导机构请示、汇报反恐怖主义的问题、情况等。

二、工作立场：坚决抵制、立场鲜明

（一）反对一切形式的恐怖主义

反对一切形式的恐怖主义是我国一贯坚持的立场和态度，与我国的性质和根本利益是一致的。基于这一立场，我国毫不犹豫地谴责恐怖主义的一切行为、方法和做法，不论恐怖活动发生的地域、时间，均将其视为犯罪。

我国依法取缔恐怖活动组织，对任何组织、策划、准备实施、实施恐怖活动，宣扬恐怖主义，煽动实施恐怖活动，组织、领导、参加恐怖活动组织，为恐怖活动提供帮助的，依法追究法律责任。这与我国的反恐怖主义立场是一致的。

我国坚决采取各种措施，与恐怖主义进行毫不妥协的斗争。首先，通过修改完善相关法律，将任何组织、策划、准备实施、实施恐怖活动，宣扬恐怖主义，煽动实施恐怖活动，组织、领导、参加恐怖活动组织，为恐怖活动组织提供帮助等行为规定为恐怖活动犯罪。同时，在《反恐怖主义法》以及其他相关法律中，对恐怖主义、极端主义犯罪的其他法律责任也作出明确规定。其次，采取包括刑事诉讼在内的各种执法措施，对恐怖主义进行严厉打击和惩治，依法追究其包括刑事责任在内的一切法律责任，并对恐怖活动组织进行依法取缔。最后，我国还缔结并参加了一系列国际公约、条约，积极支持联合国及其安全理事会的反恐怖主义宣言和措施，积极认真履行相应的国际义务，加强反恐怖主义国际合作，构筑全方位的反恐怖主义安全屏障。

明确坚定的立场和态度，有利于各方加深对恐怖主义本质及其残暴行径的认识，深刻理解、准确执行有关政策法律，做好反恐怖主义工作，有利于达成共识，加强反恐怖主义国际合作，共同打击恐怖主义。

（二）不向任何恐怖活动组织和人员妥协

我国不向任何恐怖活动组织和人员妥协，不向任何恐怖活动人员提供庇护或者给予难民地位。这里所说的“不向任何恐怖活动组织和人员妥协”，是指我国与恐怖主义进行斗争，是不附加任何条件的。

在反恐怖主义工作中，不因任何理由而放弃或者改变对恐怖活动组织及其恐怖活动人员的一贯立场，不出于利益交换而漠视恐怖主义，或者放弃对恐怖活动组织、恐怖活动人员的追究。这样规定的主要考虑是，恐怖主义是反人类、反社会、反文明的严重犯罪行为，必须依法严厉打击，决不允许与恐怖活动组织和人员进行政治交易或者做无原则的妥协退让。有的国家在反恐怖主义法中也作出类似规定，如俄罗斯。

三、工作原则：三原则

（一）坚持专门工作与群众路线相结合的原则

恐怖主义是针对国家、社会和人民群众的严重犯罪，是我国人民的敌人，也是全世界人民的共同敌人。同恐怖主义作斗争，必须坚持“一切为了群众，一切依靠群众”“从群众中来，到群众中去”的群众路线，实行专门工作与群众路线相结合。实践证明，这是我们克敌制胜的重要法宝，具有鲜明特色，是做好反恐怖主义工作必须坚持的重要原则。

一方面，反恐怖主义工作需要根据恐怖活动的规律和特点，组织专门的机关，采取专门的措施和手段。专门机关应当在自己的职责范围内积极开展好工作。

另一方面，各专门机关和部门要想做好安全防范、情报信息、调查和应对处置等反恐怖主义工作，离不开人民群众的支持。要通过人民群众的支持和广泛参与，全面细致地做好上述反恐怖主义工作，真正做到让敌人无机可乘。

因此，在坚持充分发挥专门机关作用和职能的同时，广泛动员、组织、依靠广大人民群众，发挥全社会力量的积极性，才能真正做好反恐怖主义工作，取得反恐怖主义斗争的真正胜利，切实维护国家安全、公共安全、人民生命财产安全。

在反恐怖主义工作中坚持群众路线，要求各级人民政府及有关部门根据《反恐怖主义法》等法律法规的规定，做好各方面工作，切实发动人民群众参与到反恐怖主义斗争的工作中，并为其提供必要的条件。要大力揭批暴力恐怖、宗教极端违法犯罪反人类、反社会、反文明的真实面目，宣示国家决不妥协、决不姑息的鲜明态度，在全社会形成谴责暴恐、支持反恐的舆论氛围；要加大面向群众的反恐怖主义宣传教育力度，树立反恐意识，强化基层基础，引导群众坚决抵制暴力恐怖活动和宗教极端思想，自觉维护社会稳定和民族团结；要加强反恐知识技能培训、提高群众及相关人员防范和应对恐怖袭击的意识和避险自救、紧急应对能力；要深入开展各种形式的群防群治活动，夯实反恐怖主义斗争的群众基础。当然，在具体工作中，也要坚持“讲政策”“讲策略”的工作方法，杜绝把恐怖主义与特定的民族、宗教联系起来的错误做法，团结依靠最广大的群众共同做好反恐怖主义工作。还要借助鼓励、奖励等措施，不断激发人民群众参与防范，打击恐怖主义的积极性、主动性、创造性，切实打好反恐怖主义的人民战争。

（二）坚持防范为主、惩防结合的原则

一方面，要做好安全防范工作。“防恐”是反恐怖主义工作的重点。恐怖活动组织和人员为了达到他们的不法目的，往往无所不用其极。如果不积极防范，将恐怖活动消灭在萌芽阶段或者行动之前，一旦恐怖活动发生，即使最终对恐怖活动组织和人员进行了惩治，对社会和人民群众所造成的影响和损失也难以挽回。因此，面对恐怖活动，我们首先要做的是完善安全防范措施，做好安全防范工作，使恐怖活动组织和人员无机可乘。安全防范工作要常抓不懈，宁愿十防九空，也不漏掉一次。《反恐怖主义法》对安全防范作了专章规定，明确了一系列反恐怖主义安全防范措施和制度，以形成全方位、立体式社会防控体系。比如，规定了反恐怖主义宣传教育，网络安全管理，安全查验和实名制管理，危险物品管理，反恐怖主义融资等基础防范措施，规定了帮教、刑罚改造和安置教育等其他防范措施，规定了重点目标安全管理措施，规定了国（边）境管控和境外风险防范措施等，并明确了有关部门在安全防范工作中的职责。

另一方面，要坚持惩防结合，在有效防范的基础上，对恐怖主义和恐怖活动给予严厉打击。第一，既要加强安全防范工作，也要对恐怖活动组织、恐怖活动人员以及恐怖活动及时依法予以惩治，取缔恐怖活动组织，不使其逍遥法外。第二，惩治和防范工作是可以相互转化、相互促进、相辅相成的。有效的安全防范工作，可以及时发现恐怖活动组织、恐怖活动人员及其实施恐怖活动的阴谋，及时予以追究惩治；严厉打击惩治，可以有效打击恐怖主义的嚣张气焰，预防和减少恐怖活动。并且在惩治过程中，还可以进一步发现问题，总结经验，及时完善安全防范工作。

（三）坚持先发制敌、保持主动的原则

如果只是消极防御，再坚固的城池最终也可能会被攻破。因此，开展反恐怖主义工作，要敌未动我先动，采取积极的制敌措施，打好反恐怖主义的主动仗。在不断完善安全防范措施，防止恐怖事件发生的前提下，要不断提高反恐怖主义斗争的能力和技术，完善反恐怖主义情报信息制度，主动开展情报信息、调查等工作，通过收集、分析、研判、预警等工作，及时获取恐怖活动的动态和信息。对恐怖活动组织和人员，要直接采取主动准确的出击措施，使用包括法律、军事手段等在内的一切手段，出重拳、下重手，坚决打掉暴力恐怖分子的嚣张气焰，真正彻底消除恐怖主义，维护国家安全、社会安全和人民生命财产安全。

四、工作方略：战略重视、综合施策

（一）战略上提高重视

国家将反恐怖主义纳入国家安全战略，是贯彻国家安全观的总体需求，有利于各方面全面客观认清当前的反恐怖主义工作形势和面临的挑战。从党和国家事业发展全局的战略高度，切实增强政治责任感和历史使命感，充分认识加强反恐怖主义工作的极端重要性和紧迫性，强化忧患意识，增强底线思维，将反恐怖主义工作摆在更加突出的位置抓紧、抓好。

（二）策略上标本兼治

治标，就是要严厉惩治恐怖活动，取缔恐怖活动组织，杜绝一切形式的恐怖主义的现实活动和消除其危害。治本，就是要消除恐怖主义滋生和存在的土壤。标本兼治是一个问题的两个方面，既要双管齐下不能偏废，又要坚持重在治本，做扎实细致的工作。

（三）具体实施方略

1. 国家将反恐怖主义纳入国家安全战略

2015 年 7 月 1 日全国人大常委会通过《中华人民共和国国家

安全法》(以下简称《国家安全法》)，对总体国家安全观作出明确规定。该法第三条规定：“国家安全工作应当坚持总体国家安全观，以人民安全为宗旨，以政治安全为根本，以经济安全为基础，以军事、文化、社会安全为保障，以促进国际安全为依托，维护各领域国家安全，构建国家安全体系，走中国特色国家安全道路。”

国家制定并不断完善国家安全战略，全面评估国际、国内安全形势，明确国家安全战略的指导方针、中长期目标、重点领域的国家安全政策、工作任务和措施。根据《国家安全法》的规定，总体国家安全观是我们开展各方面工作，维护各领域国家安全的基本指导思想。国家安全总体战略是根据新的总体国家安全观制定的全面维护我国国家安全的整体战略，反恐怖主义工作是维护国家安全的一个重要领域。将反恐怖主义工作纳入国家安全总体战略，是贯彻总体国家安全观的要求，有利于各方全面、客观地认清当前的反恐怖主义工作局势和面临的挑战，从党和国家事业发展全局的战略高度，切实增强政治责任感和历史使命感，充分认识到加强反恐怖主义工作的极端重要性和紧迫性，强化忧患意识，增强底线思维，保持战略定力，冷静应对挑战，将反恐怖主义工作作为维护国家安全工作的重要内容，摆在更加突出的位置抓紧、抓好。制定《反恐怖主义法》，进一步完善反恐怖主义法律制度体系，就是贯彻落实国家总体安全观，做好反恐怖主义工作，维护国家安全的一个重要方面和具体落实。各有关部门应当在确定反恐怖主义工作总体战略构想的基础上，坚持立足国内、以我为主，坚持主动进攻、先发制敌，坚持标本兼治、重在治本，坚持专群结合、群防群治，积极开展各项具体的反恐怖主义斗争以及各领域的工作，最终取得反恐怖主义斗争的彻底胜利。

2. 要综合施策，标本兼治

恐怖主义在我国滋生的原因复杂，有外部敌对势力的因素，也有国内的多种因素，是国际、国内因素综合影响的结果。恐怖主义的表现形式多样，既有暴力、破坏、恐吓等活动，也包括使用传统和现代技术手段进行宣扬、煽动、教唆等活动。恐怖主义的危害面广，既威胁人民生命财产安全，又威胁国家安全。反恐怖主义斗争既是一项紧迫的任务，也是一项长期的工作，不可能毕其功于一役，必须做好长期斗争的准备，坚持立足当前，着眼长远，一手抓专项打击，一手抓源头治理。所谓“综合施策”，就是指在对恐怖主义滋生、蔓延的原因及其活动规律特点进行宏观综合分析的基础上，把防范、应对、打击恐怖主义到消除恐怖主义滋生蔓延等作为一个系统工程，按照中央的总体决策部署，扎扎实实做好当前各项工作，布局好长远工作规划，包括开展反恐怖主义国家合作，共同打击恐怖主义。反恐怖主义工作也要“标本兼治”，这样才能取得良好的效果。

3. 要加强反恐怖主义的能力建设

反恐怖主义的能力建设是多方面的，既包括建设和提升恐怖事件应对处置能力水平，也包括增强安全防范、情报信息工作，防止恐怖事件发生的能力水平；既包括建设和提升反恐怖主义专业力量的能力水平，也包括建设和提升各有关单位、人民群众防恐反恐的能力水平；既包括反恐怖主义专门工作的能力水平建设，也包括与此相关的经济、社会、教育、文化等工作的能力水平。《反恐怖主义法》不仅对能力建设提出了要求，也规定了一系列反恐怖主义保障措施。各级政府及有关方面应当严格根据该法的规定做好反恐怖主义的能力建设，打好反恐怖主义工作的基础。

4. 要运用政治、经济、法律、文化、教育、外交、军事等手段，开展反恐怖主义工作

“运用政治、经济、法律、文化、教育、外交、军事等手段”，是指在反恐怖主义工作中，要充分发挥专门机关和其他有关机关的反恐怖主义工作职能作用，还要广泛动员公民和组织，防范、制止和依法惩治恐怖主义；要加强国内反恐怖主义工作，也要开展广泛的国际合作；要做好应对处置、打击处理等工作，也要做好宣传教育、安全防范等工作；要使用军事、司法等手段进行打击，也要使用文化、教育等手段，凝聚民心，团结群众。

五、工作协调：相互协作、共同反恐

（一）有关国家机关共同反恐的必要性

由于国家及地方各级反恐怖主义领导机构内部是由不同的部门、机构组成的，为保证各部门之间相互协调、配合，并能够在自身职权范围内充分履行自己的职责，还需要明确反恐怖主义工作责任制，武装力量防范和处置恐怖活动，以及反恐怖主义工作联动配合机制的规定。

反恐怖主义工作涉及多个部门和领域，对反恐怖主义工作部门的职责分工作出规定，有利于加强统筹协调，形成合力，各部门要各司其职、各负其责，共同做好反恐怖主义工作。公安机关、国家安全机关和人民检察院、人民法院、司法行政机关等有关国家机关，以及中国人民解放军、中国人民武装警察部队和民兵组织等武装力量是反恐怖主义工作的核心力量，同时反恐怖主义工作也要依靠和动员基层组织、企事业单位等多方面的力量，建立健全联动配合机制。只有明确这些部门和组织的职责分工及配合机制，充分发挥其作用，才能做好反恐怖主义工作。

（二）有关国家机关共同反恐的具体要求

1. 关于有关国家机关反恐怖主义工作责任制的规定

公安机关、国家安全机关和人民检察院、人民法院、司法行政机关以及其他有关国家机关，应当根据分工，实行工作责任制，依法做好反恐怖主义工作。这一规定具体包括以下内容：关于工作责任制的主体。根据《反恐怖主义法》第八条的规定，实行工作责任制的主体包括公安机关、国家安全机关和人民检察院、人民法院、司法行政机关以及其他有关国家机关。公安机关、国家安全机关是反恐怖主义工作的基础部门。根据该法和其他有关法律规定，人民检察院、人民法院、司法行政机关的反恐怖主义职责主要是在刑事诉讼过程中，依法惩治恐怖主义、极端主义犯罪，对这类犯罪提起公诉、审判、执行等工作。其他有关国家机关包括教育、人力资源行政主管部门，网信、电信主管部门，国务院反洗钱相关部门，审计、财政、税务、海关部门，等等。这些部门都有明确的工作职责，并应当在其职责范围内履行反恐怖主义有关工作职能。

2. 以上相关部门根据分工开展反恐怖主义工作

分工明确是做好反恐怖主义工作的前提。在《反恐怖主义法》出台之前，有关反恐怖主义工作的具体规定散见于不同的法律、法规乃至规章中,《反恐怖主义法》从安全防范、情报信息、调查、应对处置、国际合作以及保障措施等方面对有关的反恐怖主义工作制度作了系统的梳理完善和规范整合。对公安机关、国家安全机关和人民检察院、人民法院、司法行政机关等有关国家机关在以上各方面反恐怖主义工作中的职责分工作出具体规定。

3. 关于工作责任制

在分工明确的基础上，以上相关国家机关要根据工作分工，实行工作责任制。要形成“各司其职、分工明确、失职追责”的责任制度。相关部门要按照任务分工，对号入座，制定反恐怖主义工作的路线图，明确时间表、细化责任书、落实责任人，把各项职责任务层层分解落实到位，一级抓一级、层层抓落实，确保各项部署要求不折不扣地落到实处，取得实效。

总之，对反恐怖主义工作部门的职责分工作出规定，有利于加强统筹协调，形成合力，各部门要各司其职、各负其责，共同做好反恐怖主义工作。

六、工作注意事项：依法反恐、保障人权、禁止歧视

（一）依法反恐，依法治国是我们的基本方略，在反恐怖主义立法和执法工作中，应当坚持依法反恐

从立法角度讲，制定《反恐怖主义法》，是按照全面推进依法治国的要求，根据反恐怖主义工作的实际需要，将其纳入法治轨道，推动反恐怖主义实现常态化的重要举措。

从执法角度讲，各级人民政府和有关部门应当严格依照反恐怖主义法和其他法律法规的规定，依法开展各种反恐怖主义工作。一方面，惩治恐怖活动犯罪要依法进行，要严格按照罪刑法定、罪责刑相适应的原则，根据其犯罪的主客观要件和实际危害等情节依法确定其罪名及应当承担的法律责任，在刑事诉讼过程中严格遵守法律规定的各项程序。另一方面，反恐怖主义工作专门机关和有关部门开展各项反恐怖主义工作，应当遵守《反恐怖主义法》对反恐怖主义安全防范、情报信息、调查、应对处置等制度规定，依照法定的职责分工，严格依照法律确定的条件和程序采取各项反恐怖主义措施，执行各项反恐怖主义任务。

（二）反恐怖主义工作要尊重和保障人权，维护公民和组织的合法权益

在《反恐怖主义法》制定过程中就要注意处理好反恐措施与保障人权的平衡，比如该法第六十条、第七十八条和第九十五条

等规定的内容。在反恐工作中，有关部门既要依法采取反恐怖主义措施，有效防范和遏制恐怖主义活动，又要树立尊重和保障人权的意识，防止发生侵害公民和组织合法权益的情况。

（三）禁止歧视性规定

从目前的情况看，各部门、各地方在开展反恐怖主义工作

的过程中，要严格遵守宪法和法律的有关规定，注意防止在实践中出现针对特定地域、民族、宗教、群体的人的公共汽车拒载、出租车拒载、宾馆拒绝提供住宿服务等歧视性做法，还要注意避免工作简单化、片面化，以防止法律适用的失误和偏差引起对反恐怖主义工作的误解，激化矛盾。

根据《反恐怖主义法》关于禁止歧视性做法的规定，在反恐怖主义工作中，有关部门和各方要进一步加强宣传教育，增强对恐怖主义、极端主义的正确认识，防止出现基于民族、宗教、地域等的歧视性做法。对于各种歧视性做法，要采取切实措施予以纠正。情节严重的，要依法追究法律责任，确保广泛团结包括各民族、各种信仰的最广大的人民群众支持和参与反恐怖主义斗争。

相关法条

《反恐怖主义法》

第二条　国家反对一切形式的恐怖主义，依法取缔恐怖活动组织，对任何组织、策划、准备实施、实施恐怖活动，宣扬恐怖主义，煽动实施恐怖活动，组织、领导、参加恐怖活动组织，为恐怖活动提供帮助的，依法追究法律责任。

国家不向任何恐怖活动组织和人员作出妥协，不向任何恐怖活动人员提供庇护或者给予难民地位。

第四条 国家将反恐怖主义纳入国家安全战略，综合施策，标本兼治，加强反恐怖主义的能力建设，运用政治、经济、法律、文化、教育、外交、军事等手段，开展反恐怖主义工作。

国家反对一切形式的以歪曲宗教教义或者其他方法煽动仇恨、煽动歧视、鼓吹暴力等极端主义，消除恐怖主义的思想基础。

第五条 反恐怖主义工作坚持专门工作与群众路线相结合，防范为主、惩防结合和先发制敌、保持主动的原则。

第六条 反恐怖主义工作应当依法进行，尊重和保障人权，维护公民和组织的合法权益。

在反恐怖主义工作中，应当尊重公民的宗教信仰自由和民族风俗习惯，禁止任何基于地域、民族、宗教等理由的歧视性做法。

第七条 国家设立反恐怖主义工作领导机构，统一领导和指挥全国反恐怖主义工作。

设区的市级以上地方人民政府设立反恐怖主义工作领导机构，县级人民政府根据需要设立反恐怖主义工作领导机构，在上级反恐怖主义工作领导机构的领导和指挥下，负责本地区反恐怖主义工作。

第八条　公安机关、国家安全机关和人民检察院、人民法院、司法行政机关以及其他有关国家机关，应当根据分工，实行工作责任制，依法做好反恐怖主义工作。

中国人民解放军、中国人民武装警察部队和民兵组织依照本法和其他有关法律、行政法规、军事法规以及国务院、中央军事委员会的命令，并根据反恐怖主义工作领导机构的部署，防范和处置恐怖活动。

有关部门应当建立联动配合机制，依靠、动员村民委员会、居民委员会、企业事业单位、社会组织，共同开展反恐怖主义工作。

第四章

安全防范措施

- 安全防范措施
  - 开展反恐工作，宣传教育先行
    - 开展反恐怖主义宣传教育的必要性
    - 如何具体开展反恐怖主义宣传教育
  - 各行各业联动、助力防范风险
    - 电信业及互联网业
    - 物流行业
    - 需要实名制的行业
    - 危险物品行业
  - 监管涉恐融资、掐断经济来源
    - 金融机构的监管职责
    - 海关的监管职责
  - 区别对待分化瓦解、教育转化回归社会
    - 刑罚执行与帮教
    - 危险评估与安置
  - 恐怖袭击有针对性、安全防范有重点
    - 防范重点目标确定
    - 安全防范职责
    - 人员背景审查
    - 大型场所安全保障
    - 公共交通的防范措施
  - 边境严查防范、海外利益保护
    - 边境管理措施
    - 海外投资保护

一、开展反恐工作，宣传教育先行

（一）开展反恐怖主义宣传教育的必要性

在恐怖主义活动中，引起公众心理恐惧、形成恐怖效应、引发社会恐慌、制造恐怖气氛已经成为恐怖分子的强烈追求。一旦让恐怖分子得逞，恐惧心理就会蔓延传播，就会形成难以控制的恐怖气氛和社会恐慌效应。

恐怖主义的主张、观念和意识形态，是恐怖活动滋生的思想基础和得以蔓延的催化剂。恐怖活动组织和恐怖活动人员除直接实施暴力恐怖活动外，还通过各种方式大肆宣扬恐怖主义，煽动他人实施恐怖活动，实现对他人思想的影响、异化和控制，从而培植恐怖主义的新生力量，扩大恐怖主义的影响，并极力蛊惑社会公众，争取得到支持和同情，具有十分严重的社会危害。

在我国，恐怖活动犯罪有特殊的“生态环境”，表现出“境外有种子、境内有土壤、网上有市场”的趋势。恐怖主义、极端主义和分裂主义“三股势力”以各种方式散布恐怖主义思想，个别境外恐怖活动组织也不断向我国境内渗透，进行宣传煽动，影响和扶植境内的暴力恐怖活动分子。在我国部分地区发生的暴力恐怖犯罪案件中，恐怖活动人员几乎都受到了恐怖主义的“洗脑”。即使是“独狼式”“自杀式”的恐怖袭击人员，很多也是在通过各种渠道获取的暴力恐怖音频、视频的煽惑下完成“自教育”和“洗脑”的。

比如，2013 年 6 月在某地发生的暴力恐怖案件中，十余名暴徒受到恐怖主义音频、视频的煽动影响，袭击了当地派出所、旅社、建筑工地、镇政府及商店等，共造成各族干部群众二十余人死亡、多人受伤。2013 年 8 月某暴力恐怖案件中的涉案人员，在观看外来流动人员手机中携带的恐怖主义音频、视频后，受到蛊惑，进而在短时间内结成团伙，实施暴力恐怖犯罪。

实践证明，开展反恐怖主义宣传教育，使广大人民群众认清恐怖主义反人类、反社会、反文明的本质，提高人民群众的反恐怖主义意识，增强人民群众辨别和抵制恐怖主义的能力，

有利于从根源上防范暴力恐怖活动的发生，在反恐怖主义工作中居于十分重要的地位。同时，恐怖活动预防、应急等有关知识对于防范恐怖活动、避免恐怖事件发生后产生更严重的后果也十分重要。因此，《反恐怖主义法》第十七条规定了行政主管部门和有关单位开展反恐怖主义宣传教育的工作义务。

（二）如何具体开展反恐怖主义宣传教育

1. 各级人民政府和有关部门的宣传教育职责

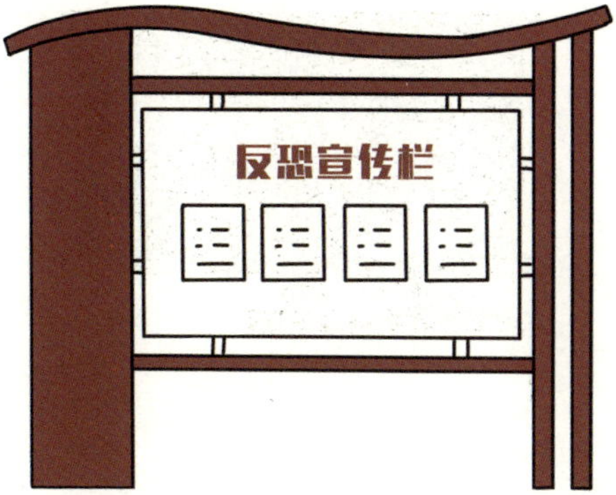

各级人民政府和有关部门是反恐怖主义宣传教育的主要力量。各级人民政府是指国务院、省级人民政府直至乡级人民政府。有关部门是指国家反恐怖主义工作领导机构及其办事机构、审判机关、检察机关、公安机关、国家安全机关、网信、电信、海关、金融管理部门等参与防范和打击恐怖主义的部门。宣传教育的形式包括发动新闻、宣传、文化等部门和工会、妇联、共青团等团体密切配合，播放有关题材的电视节目、举办展览、张贴宣传标语、表彰反恐怖主义先进集体和个人、组织志愿者到群众中间播放或者表演反恐怖主义剧目等群众喜闻乐见的各种形式。宣传教育的内容可以包括恐怖主义的根源、成因、表现形式以及危害，还可以包括国际、国内的反恐怖主义形势，教育公民正确认识恐怖主义的本质，自觉抵制恐怖主义思想的渗透，提高反恐怖主义的意识。

2. 学校、培训机构等教育部门的宣传教育职责

学校教育和职业教育是反恐怖主义宣传教育的重要阵地。教育、人力资源行政主管部门应当按照职责分工，要求各自工作领域所涉及的学校和有关职业培训机构将恐怖活动预防、应急知识纳入教育、教学、培训的内容，开设专门课程，或者以组织开展恐怖活动应急演练等形式开展宣传教育，目的是让学生和受培训的人员掌握恐怖活动预防和应急的有关知识，意识到恐怖主义的巨大危害，从而有效地防止其被恐怖主义侵染、洗脑，预防恐怖

主义的蔓延传播。发生恐怖事件时，能够采取有效的应对措施。

3. 新闻传媒系统的宣传教育职责

当今社会，传媒在反恐怖主义宣传教育中能够起到诸多积极作用，民众的日常生活已经与传媒密不可分，通过新闻、广播、电视、文化、宗教、互联网等有关单位的宣传教育，反恐怖主义的信息与知识更容易送达社会每一个人，且更容易让民众接受。新闻、广播、电视、互联网等媒体受众广泛，传播速度快，其传播内容有着很强的影响力，应当利用好这一阵地，开展反恐怖主义宣传教育。文化、宗教部门也承担着引导、传播正确思想，抵制恐怖主义渗透的职责。这些部门应当结合国际、国内反恐怖主义的形势，把握时机，针对不同的人群、事件开展形式多样的宣传教育工作。如宣传和普及恐怖主义的成因、表现形式、危害，及时报道有关信息，在恐怖事件多发易发地区经常性地播放预防恐怖活动和应急的知识的音像制品，出版和发行有关反恐怖主义的书刊等。

因此，新闻、广播、电视、文化、宗教、互联网等有关单位在反恐怖主义宣传教育工作中有不可替代、不可推卸的责任。

4. 基层群众组织的宣传教育职责

尽管村委会、居委会等基层群众自治性组织不是政府部门，却处理着民众日常生活的方方面面的问题，与民众的接触最频繁。且村民委员会、居民委员会更了解民众对哪一类反恐怖主义知识最欠缺，也知道采取何种方式开展宣传教育最有效，因此，其在反恐怖主义宣传教育中具有重要地位。

根据《中华人民共和国村民委员会组织法》第二条、第九条的规定，村民委员会是村民自我管理、自我教育、自我服务的基层群众性自治组织，村民委员会应当宣传宪法、法律、法规和国家的政策，教育和推动村民履行法律规定的义务。根据《中华人民共和国城市居民委员会组织法》第三条的规定，居民委员会具有类似的职能。村民委员会、居民委员会是与群众联系最密切的基层组织，有条件直接对群众开展宣传教育。在反恐怖主义宣传教育工作中，各级人民政府和有关部门是主体，村民委员会、居民委员会应当在人民政府及有关部门的组织下，协助其加强反恐怖主义宣传教育，如传达人民政府及有关部门的通知，派发或者组织群众观看反恐怖主义宣传资料等。因此要坚实依靠村民委员会、居民委员会等基层组织加强反恐。

二、各行各业联动、助力防范风险

（一）电信业及互联网业

互联网的飞速发展，在为人民生活带来更多便利，促进社会进步的同时，也容易被犯罪分子所利用，用来宣扬恐怖主义，传播暴恐音频、视频，或者作为组织、策划、实施其他恐怖活动犯罪的工具。网络恐怖主义已成为全球公害，防范和打击利用网络空间进行的恐怖犯罪活动是世界各国共同面临的挑战和任务。强化网络反恐的制度措施，是维护国家安全、社会稳定、和平发展和人民的正常生活、合法权益的重要保障，也是加强反恐怖主义斗争的现实需要。因此，法律对电信业务经营者、互联网服务提供者为反恐怖主义防范、调查工作提供技术保障等作出明确规定。

1. 主动预防

电信、互联网行业的经营者、服务提供者应当主动落实网络安全、信息内容监督制度和安全技术防范措施，防止含有恐怖主义信息、极端主义信息等敏感信息的传播。敏感信息一经发现应当立即停止传输，与此同时，还应当及时保存相关记录以备查询，删除已有的相关信息，并及时向有关部门报告。

2. 技术支持与协助

电信业务经营者、互联网服务提供者有在公安机关等有关部门依法调查恐怖活动工作中提供技术接口、解密等技术支持和协助的义务，从而帮助相关部门顺利依法开展防范、调查恐怖活动的工作。

（二）物流行业

货运、邮政、快递等物流业的快速发展，大大提高了经济流转的效率，方便了生产和生活。与此同时，一些违法犯罪分子利用物流渠道，运输、寄递枪支弹药、毒品、危险化学品等违禁物品、管制物品，甚至利用快递物流邮寄包裹炸弹等危害公共安全犯罪的情况时有发生。如 2013 年某快递公司因邮寄剧毒化工品氟乙酸甲酯，后发生泄漏并污染了其他快递物品，导致快递员中毒，收件人身亡；2015 年广西壮族自治区柳城县发生的 17 起包裹连环爆炸事件[①]，致多人死亡和受伤。因此，有必要加强物流行业安全防范基础工作，防止物流行业被恐怖分子利用，成为其运送实施恐怖活动物资的渠道，或者实施恐怖袭击的目标。因此，建立物流行业对客户身份以及运输、寄递货物的安全查验和信息

---

① 参见《广西柳城爆炸案告破 嫌疑人确认在案发现场被炸身亡》，载人民网，http://fj.people.com.cn/n/2015/1002/c181466-26622368.html，最后访问时间：2020 年 1 月 6 日。

登记制度，是物流业安全防范基础工作的重要组成部分。

1. 安全查验

（1）对客户身份的查验，即物流寄递实名制。客户包括单位和自然人。对于单位，可以依照规定查验其营业执照或者其他证明文件；对于自然人，可以依照规定查验其居民身份证、护照、军官证等依法可以用于证明身份的证件。

（2）对运输物品的查验。这要求物流运营单位要了解客户委托的物品的情况，防止与恐怖活动相关的违禁品、危险品、管制物品等通过物流渠道运输传送，防止针对物流渠道实施的恐怖袭击。

（3）《反恐怖主义法》第二十条第一款还对物流运营单位依照规定进行安全检查或者开封验视发现相关情况后如何处理作了规定。第一，客户委托物品属于禁止运输、寄递的物品的，物流运营单位应当拒绝为其提供运输、寄递服务。第二，客户委托物品虽非禁止运输、寄递的物品，但由于包装、运输方式等方面的原因，不能确保安全运输或者存在重大安全隐患的，不得为其提供运输、寄递服务。第三，客户拒绝安全查验的，也不得为其提供运输、寄递服务。这里的拒绝安全查验，包括拒绝物流运营单位查验其身份，也包括拒绝查验其委托运输、寄递的物品。

2. 信息登记

（1）物流信息登记的意义

规定物流运营单位实行客户身份、运输寄递物品的信息登记制度，实际上就是要求物流运营单位对客户身份和运输寄递服务信息进行记录和保存，这也是物流寄递行业实名制的延伸。按照规定对客户的身份信息、运输寄递物品相关信息进行登记并保存相关记录，是为了便于有关主管机关必要时调查了解运输、寄递物品的所有人，回溯、追踪相关物品的来源、流向，必要时采取针对性措施。同时，实行客户身份信息和运输寄递物品信息登记，对一些违法犯罪分子也有一定震慑作用，有利于预防、遏制利用物流渠道为实施恐怖活动做准备，或者针对物流活动实施恐怖袭击的情况。

（2）相关物流信息登记

目前，相关部门规章规范性文件中，对物流信息登记已有一些规定，如公安部、国家安全部、交通运输部、铁道部①等7部门于2009年颁布的《关于加强物流、寄递渠道安全监管工作的通知》规定，物流、寄递相关企业收运、收寄物品时，要认真登记所交运物品的相关信息，登记信息要留存半年以上，以备有关部门查询。根据《快递市场管理办法》第三十一条的规定，经营快递业

---

① 2013年3月，根据第十二届全国人民代表大会第一次会议审议的《国务院关于提请审议国务院机构改革和职能转变方案》的议案，铁道部实行铁路政企分开。将铁道部拟定铁路发展规划和政策的行政职责划入交通运输部；组建国家铁路局，由交通运输部管理，承担铁道部的其他行政职责；组建中国铁路总公司，承担铁道部的企业职责；不再保留铁道部。

务的企业对不能确定安全性的可疑物品，除需要出具安全证明外，应当如实登记收寄物品的名称、规格、数量、重量、收寄时间、寄件人和收件人名址等内容，记录保有期限不得少于一年。

（3）物流登记中的问题

第一，《反恐怖主义法》第二十条规定对运输寄递的物品要依照规定进行安全检查或者开封验视。由于实践中运输寄递涉及铁路、公路、水上、航空等货运方式，涉及运输企业、邮政、快递企业等物流运营单位，运输寄递物品的种类、运输方式、经营业态等情况比较复杂，有关部门在制定相关规定时，具体落实安全查验制度时，需要综合考虑地区、行业特点，安全风险水平，安全防范工作需要等因素，平衡好保障经济社会正常运行、物流行业健康发展和安全保障工作之间的关系，处理好实践需要和可行性的关系。

第二，相关物流运营单位依照规定查验客户身份、验视运输寄递物品以及登记相关信息，不可避免地会收集到客户的身份证号码、手机号码、工作地址、家庭住址等身份和其他个人信息。对由此所获得的公民个人信息，必须妥善保管，不得出售、违反规定向他人提供或者泄露。出售、非法提供、泄露公民个人信息的，要依法予以行政处罚，情节严重的，还应当依照刑法规定追究刑事责任。

（三）需要实名制的行业

1. 相关行业实名制的背景

随着经济社会的发展和信息技术的应用，电信、互联网、金融、住宿等行业与人们的生活息息相关，为人民群众提供了极大的便利。这些行业为人们提供了越来越多元、便捷的服务，也随之产生被恐怖分子利用以进行通信联络，组织、策划、实施恐怖活动，进行恐怖融资、洗钱，藏匿、逃避侦查等违法犯罪活动的风险。以互联网为例，随着信息技术的普遍应用，一些恐怖组织和恐怖分子越来越多地利用信息网络组织、策划、指挥恐怖袭击，宣扬恐怖主义、极端主义思想，煽动实施恐怖活动，传授实施恐怖活动的方法，为实施恐怖活动筹集资金，在互联网上鼓动、招募他人参加恐怖活动组织等。有的恐怖活动组织特别重视和擅长应用互联网技术，这使得恐怖活动组织之间通信联络、协调行动更为便捷，恐怖主义思想传播更快、影响更大。对这种网络恐怖活动的新动向，必须予以高度重视和有效应对。

《反恐怖主义法》第二十一条规定，根据反恐怖工作的实际需要和经济社会发展的实际情况，对确有实名制管理的必要，同时实践中已有较好的实名制管理基础因而具有可行性的几个关键行业规定了实名制。其中电信、互联网行业实行实名制管理，有利于加强对通信、信息传输的管理，以防范利用电信、互联网等信息网络实施恐怖活动，及时发现、追踪、预警恐怖组织和恐怖分子的通信联络、信息传输以及各种网上恐怖活动。规定对金融业实行实名制管理，有利于防范和监控恐怖活动组织和人员利用金融渠道实施资金汇集、分配、转移等恐怖融资活动。

对住宿行业实行实名制管理，有利于防止恐怖分子和涉恐嫌疑人员隐匿行踪、逃避打击，便于有关主管部门及时掌握和了解其行踪。对长途客运、机动车租赁行业实行实名制管理，有利于防范恐怖分子和涉恐嫌疑人员利用或者针对这些交通工具实施恐怖袭击，便于有关主管部门及时掌握和了解其行踪。因此，对这几个关键行业实行实名制管理，可以说是反恐怖主义工作的基础工作和基础环节。

2. 综合而言对相关行业的两方面要求

第一，相关业务经营者、服务提供者应当对客户的身份进行查验。查验身份是指检查验看客户的身份证或者护照、军官证等其他依法可以用于证明身份的证件，并根据情况和有关规定对客户身份信息进行记载或登录，以备依法查询之用。

第二，对于身份不明或者拒绝身份查验的客户，不得为其提供服务。身份不明主要是指客户没有相应的身份证明，也包括客户虽提供了证明，但因该证明不符合规定和要求而无法证明其身份的情况。如身份证明因残缺污损而缺失重要信息，无法确认人证相符等。拒绝身份查验是指客户明确表示不接受相关业务经营者、服务提供者检查验看其身份证明。

3. 不同行业的细节要求

（1）信息行业

信息行业服务提供者需要对客户身份进行查验，对身份不明或者拒绝身份查验的，不得提供服务。实际上在《反恐怖主义法》施行以前，我国已经对电话和互联网实行了实名制管理。如 2012 年《全国人民代表大会常务委员会关于加强网络信息保护的决定》第六条规定："网络服务提供者为用户办理网站接入服务，办理固定电话、移动电话等入网手续，或者为用户提供信息发布服务，应当在与用户签订协议或者确认提供服务时，要求用户提供真实身份信息。”工业和信息化部2013年出台了《电话用户真实身份信息登记规定》。2015年工业和信息化部、公安部、国家工商行政管理总局[①]联合印发了《电话“黑卡”治理专项行动工作方案》，要求自2015年9月1日起，电信企业以及各类实体营销渠道，在为用户办理电话入网手续时核验用户本人的居民身份证件，并通过系统录入用户身份信息。

（2）金融服务行业

根据《反恐怖主义法》的规定，这些金融机构在提供相关服务时，应当对客户身份进行查验，对身份不明或者拒绝身份查验的，不得提供服务。关于金融行业实名制，银行、证券、保险等法律法规都有明确规定。如2007年施行的《中华人民共和国反洗钱法》（以下简称《反洗钱法》）对金融机构依法识别客户身份，保存客户身份信息和交易记录等作出明确规定。根据《反洗钱法》第三条的规定，在中国境内设立的金融机构应当依法建立健全客户身份识别制度。根据《反洗钱法》第十六条的规定：金融机构在与客户建立业务关系或者为客户提供规定金额以上的现金汇款、现钞兑换、票据兑付等一次性金融服务时，应当要求客户出

① 2018年3月，根据第十三届全国人民代表大会第一次会议批准的国务院机构改革方案，将国家工商行政管理总局的职责整合，组建中华人民共和国国家市场监督管理总局；将国家工商行政管理总局的商标管理职责整合，重新组建中华人民共和国国家知识产权局；不再保留国家工商行政管理总局。

示真实有效的身份证件或者其他身份证明文件，进行核对并登记；金融机构不得为身份不明的客户提供服务或者与其进行交易，不得为客户开立匿名账户或者假名账户。

此外，其他一些金融法律法规规章对相关金融业务实名制也有规定，如2000年国务院《个人存款账户实名制规定》对个人银行账户实名制度作出规定；2008年国务院《证券公司监督管理条例》对证券公司为客户开立证券账户应当审查客户申报的姓名或者名称、身份的真实性作出规定；2013年中国保险监督管理委员会[①]《人身保险客户信息真实性管理暂行办法》对有关人身保险客户的信息真实性管理作了具体规定。

（3）住宿服务行业

《反恐怖主义法》第二十一条中的住宿服务主要是指旅馆、宾馆、酒店等有偿为顾客提供临时住宿的服务活动。根据该法的规定，住宿业务经营者和服务提供者在为顾客提供住宿时，应当对顾客身份进行查验，对身份不明或者拒绝身份查验的，不得提供服务。《旅馆业治安管理办法》对旅馆业实名制已有明确规定，《旅馆业治安管理办法》第六条第一款规定："旅馆接待

---

① 2018年3月，根据第十三届全国人民代表大会第一次会议批准的国务院机构改革方案，将中国保险监督管理委员会的职责整合，组建中国银行保险监督管理委员会；将中国保险监督管理委员会审慎监管基本制度的职责划入中国人民银行；不再保留中国保险监督管理委员会。

旅客住宿必须登记。登记时，应当查验旅客的身份证件，按规定的项目如实登记。”

（4）长途客运行业

关于长途客运实行实名制，主要是一些地方根据需要作出的相关规定，《反恐怖主义法》第二十一条对长途客运实行实名制管理作了明确规定，为该行业实行实名制管理提供了法律依据。相关业务经营者和服务提供者在业务经营和提供服务过程中，必须依照该法规定查验客户的身份，对身份不明或者拒绝查验的客户，不得为其提供服务。此外，作为旅客运输方面比较重要的民航、铁路运输行业已经按照有关规定实行了实名制，如根据《民用航空安全保卫条例》第二十七条第一款的规定，“安全检查人员应当查验旅客客票、身份证件和登机牌，使用仪器或者手工对旅客及其行李物品进行安全检查，必要时可以从严检查”。根据《铁路安全管理条例》第六十四条第一款的规定，铁路运输企业应当按照国务院铁路行业监督管理部门的规定实施火车票实名购买、查验制度。由此可见，相关业务经营者和服务提供者应当严格遵守规定，履行客户身份查验的义务，对身份不明或拒绝身份查验的，不得提供服务。

（5）机动车租赁行业

关于机动车租赁行业实行实名制，从实际情况看，由于行业特点，一般的经营者都会严格审核客户的身份，对客户的身份进行查验。但是，这主要是经营者从保证交易安全，避免合同纠纷等的角度自发进行的。《反恐怖主义法》第二十一条规定对机动车租赁业实行实名制，是从反恐安全防范的角度考虑，对该行业规定的法定义务。相关业务经营者和服务提供者应当严格遵守规定，履行查验客户身份的义务，对身份不明或者拒绝身份查验的，不得提供服务。

（四）危险物品行业

1. 加强危险物品监管的重要性

危险物品能够对公众的生命、财产安全造成重大损害，如果大量被恐怖分子获得用于恐怖活动，必然给社会带来重大安全隐患，因此必须加强对枪支、弹药、管制器具、危险化学物品、传染病病原体等物质进行标识、追踪的监督管理。同时发现类似危险物品流失的，也应当立即采取相应措施设法追回，消除安全隐患。要防范恐怖主义及其带来的危害，就必须从源头上加强危险物品的管理，避免危险物品从合法渠道流出，落入恐怖分子手中，成为恐怖活动的犯罪工具。

恐怖组织为了制造社会恐慌，实现其政治、意识形态等目的，总是千方百计策划实施恐怖活动，以造成重大人员伤亡、财产损失等严重后果。因此，加强对枪支等武器、弹药、管制器具、危险化学品、民用爆炸物品、核与放射物品、传染病病原体等物品、物质的监督管理，这些物品、物质落入恐怖组织手中并被用于制造爆炸威胁、生化威胁、核威胁，是反恐怖主义安全防范工作的重要方面。长期以来，为了维护公共安全，保护人民群众生命财产安全，我国对枪支、弹药、爆炸物、危险化学品、核材料等危险物质的生产、运输、储存、使用等实行严格的管理制度。

2. 我国相关法律法规规定

如《中华人民共和国枪支管理法》(以下简称《枪支管理法》)第三条第一款规定：“国家严格管制枪支。禁止任何单位或者个人违反法律规定持有、制造（包括变造、装配)、买卖、运输、出租、出借枪支。”同时该法对枪支的制造、配备、销售、运输和日常管理等作了全面系统的规定；《中华人民共和国刑法》(以下简称《刑法》)也规定了涉及枪支等武器、弹药的犯罪。

在危险化学品管理方面，国务院制定了《危险化学品安全管理条例》，有关部门相应制定了危险化学品目录、剧毒化学品目录等。这些法规文件对危险化学品的生产、流通和使用等环节规定了许可、登记制度，丢失、被盗、被抢报告制度，运输警示标志和流向监控制度等。在民用爆炸品管理方面，《民用爆炸物品安全管理条例》《烟花爆竹安全管理条例》等对民用爆炸物品、烟花爆竹的生产、流通和使用等环节，规定了许可、登记制度，丢失、被盗、被抢报告制度，运输警示标志和流向监控制度等。

正是因为严格执行对这些物品、物质的安全管理制度，我国境内发生的一些恐怖袭击在犯罪手段上相对较为原始，也因此避免了更为严重的危害后果的发生。《反恐怖主义法》第二十二条进一步从加强反恐怖主义安全防范工作的角度，对上述物品、物质的标识、追踪等监控作出规定。

3. 相关威胁物品流失后的处理规定

（1）发生枪支等武器、弹药、危险化学品、民用爆炸物品、核与放射物品、传染病病原体等物质被盗、被抢、丢失或者其他流失的情形，案发单位应当立即采取必要的控制措施，并立即向公安机关报告，同时依照规定向有关主管部门报告。《反恐怖主义法》第二十三条之所以这样规定，是因为案发单位处在事故发生的第一线，一旦发生上述情况，他们必须在第一时间采取必要的控制措施，控制事态进一步发展，避免或尽可能控制危害后果的发生，减少可能造成的损失和危害。这些物品、物质被盗、被抢、丢失，可能危及公共安全，甚至被恐怖组织及其成员获取用于恐怖活动，因此，必须立即报告公安机关，以便于公安机关及时开展调查工作。同时，根据有关法律法规，其他有关主管部门负有对相关物品安全的监管责任，因此，案发单位在报告公安机关的同时，还应当立即报告有关主管部门，以便于有关主管部门及时采取应对措施。

（2）公安机关接到报告后，应当及时开展调查，有关主管部门应当配合公安机关开展工作。上述物品、物质有被盗、被抢、丢失或者有其他流失的情形的，案发单位应当立即报告公安机关。为了尽快追回流失的物品、物质，防止其流入非法渠道，危害公共安全甚至被用于恐怖活动，公安机关应当在接到报告后立即开展工作，设法追查、寻找、追回。同时，由于上述物品、物质具有较大的危险性，其日常安全监督管理由有关部门负责，有的物品、物质的保管、运输、储存还涉及专业知识和技能，因此，《反恐怖主义法》第二十三条第二款规定有关主管部门应当配合公安机关开展工作。有关主管部门配合公安机关调查的方式，包括向公安机关提供本部门掌握的信息、资料，为公安机关开展调查提供便利条件，就相关物品、物质的处置等提供专业技术支持等。

4. 发现非法物品、物质的处理规定

（1）任何单位和个人不得非法制作、生产、储存、运输、进出口、销售、提供、购买、使用、持有、报废、销毁枪支等武器、弹药、危险化学品、民用爆炸物品、核与放射物品、传染病病原体等物质。

上述物品、物质涉及国家安全和公共安全，国家对之规定以严格的管理制度，任何单位和个人违反相关法律法规规定的管理制度，从事与上述物品、物质相关的各种活动，都属于严格禁止的违法行为。《反恐怖主义法》规定禁止非法从事上述活动，是与相关法律法规规定的对上述物品、物质实行严格的监督管理制度相衔接的规定，实践中在具体认定行为是否属于非法时，还需要结合国家对相关物品、物质的具体的管理制度和义务要求作出判断。

（2）公安机关发现上述非法物品、物质的，应当予以扣押；其他主管部门发现的，也应当予以扣押，并立即通报公安机关；

其他单位、个人发现的，应当立即向公安机关报告。

三、监管涉恐融资、掐断经济来源

（一）金融机构的监管职责

1. 金融监管的必要性

恐怖组织需要大量资金用于维系运转，组织实施恐怖活动。为了筹措恐怖活动经费，恐怖组织往往以贩毒、抢劫、绑架等有组织犯罪收入作为经济来源，还有的向支持、同情恐怖活动的组织和人员募捐，获取经济支持。

因此，反恐怖主义工作的一个重要方面，就是对恐怖组织筹措、转移涉恐资金的行为进行有效监控和打击，切断其经济来源，使其丧失维系组织存在、发展壮大人员、实施恐怖袭击的经济基础。切断恐怖组织及其个人的财源已成为全球反恐的共识。

1999 年 12 月 9 日，第 54 届联合国大会通过了《制止向恐怖主义提供资助的国际公约》。2001 年美国“9·11”事件发生后，在国际反洗钱领域有重要影响的反洗钱金融行动特别工作组（FATF）就金融业开展反恐融资，对预防和打击资助恐怖活动提出特别建议，供成员完善洗钱制度时采用。

2. 对反恐融资进行监管的规定

根据《反恐怖主义法》第二十四条第一款的规定，国务院反洗钱行政主管部门、国务院有关部门、机构依法对金融机构和特定非金融机构履行反恐怖主义融资义务的情况进行监督管理。该款包含了三个方面的内容：

（1）监管主体

该款规定的监管主体是国务院反洗钱行政主管部门、国务院有关部门、机构。《反洗钱法》第四条规定："国务院反洗钱行政主管部门负责全国的反洗钱监督管理工作。国务院有关部门、机构在各自的职责范围内履行反洗钱监督管理职责……"同时，《反洗钱法》第三十六条规定："对涉嫌恐怖活动资金的监控适用本法；其他法律另有规定的，适用其规定。"因此，反洗钱监管部门同时也是反恐怖主义融资的监管部门。

（2）相关金融机构负有履行反恐怖主义融资的义务

作为现代社会资金融通的主要渠道，金融系统是恐怖主义融资易发、高危领域，因此，反洗钱和反恐融资制度是以金融业为重点的。同时，随着反洗钱等金融监管制度的不断完善，洗钱和恐怖主义融资活动也有向特定非金融行业，例如贵金属交易、房地产等行业渗透的趋势。为此，国家机关需要根据经济社会发展的实际情况和反恐融资的需要，对存在较高恐怖主义融资风险的一些特定的非金融行业，也逐步建立反洗钱制度，要求特定非金融机构的从业者履行相应的包括反恐融资义务在内的反洗钱义务。

此外，由于特定非金融机构的种类、业务等情况比较复杂，根据《反洗钱法》的规定，特定非金融机构履行反恐怖主义融资义务的范围、其履行的义务和对其监督管理的具体办法，由国务院反洗钱行政主管部门会同国务院有关部门制定。实践中特定非金融机构还应当依照上述具体办法的规定，履行相应的反恐融资义务。

（3）有关部门对金融机构和特定非金融机构履行反恐怖主义融资义务的情况进行监督管理

根据《反恐怖主义法》第二十四条第一款的规定，国务院反洗钱行政主管部门、国务院有关部门、机构，应当切实履行对金融机构和特定非金融机构履行反恐怖主义融资义务的情况进行监督管理的职责，确保相关反恐融资制度落到实处。

3. 相关部门发现涉嫌恐怖主义融资的处置措施规定

（1）国务院反洗钱行政主管部门发现涉嫌恐怖主义融资的，可以依法进行调查

关于反洗钱行政主管部门反恐融资调查的条件、权限、程序等，《反洗钱法》中专门设立“反洗钱调查”一章，对这一问题作出明确规定。根据《反洗钱法》第二十三条第一款的规定，国务院反洗钱行政主管部门或者其省一级派出机构发现可疑交易活动，需要调查核实的，可以向金融机构进行调查，金融机构应当予以配合，如实提供有关文件和资料。调查可疑交易活动，可以询问金融机构有关人员，要求其说明情况。

调查中需要进一步核查的，经国务院反洗钱行政主管部门

或者其省一级派出机构的负责人批准，可以查阅、复制被调查对象的账户信息、交易记录和其他有关资料；对可能被转移、隐藏、篡改或者毁损的文件、资料，可以予以封存；等等。需要说明的是，这里的调查是反洗钱行政主管部门针对可疑交易采取的必要的调查核实活动，主要目的是对在监管中发现的有涉嫌恐怖主义融资的可疑交易，通过调查了解情况，澄清嫌疑。如果经过调查，无法排除恐怖主义融资嫌疑的，反洗钱行政主管部门应当立即向有管辖权的侦查机关报案，由侦查机关根据情况依法采取进一步措施。

（2）国务院反洗钱行政主管部门发现涉嫌恐怖主义融资的，可以采取临时冻结措施

关于对可疑交易涉及的资金采取临时冻结措施，《反洗钱法》也有明确规定，主要包括：

①经调查仍不能排除洗钱嫌疑的，应当立即向有管辖权的侦查机关报案。客户要求将调查所涉及的账户资金转往境外的，经国务院反洗钱行政主管部门负责人批准，可以采取临时冻结措施。

②侦查机关接到报案后，对已临时冻结的资金，应当及时决定是否继续冻结。侦查机关认为需要继续冻结的，依照《中华人民共和国刑事诉讼法》（以下简称《刑事诉讼法》）的规定采取冻结措施；认为不需要继续冻结的，应当立即通知国务院反

洗钱行政主管部门，国务院反洗钱行政主管部门应当立即通知金融机构解除冻结。

③临时冻结不得超过48小时。金融机构在按照国务院反洗钱行政主管部门的要求采取临时冻结措施后48小时内，未接到侦查机关继续冻结通知的，应当立即解除冻结。需要说明的是，这里的临时冻结措施主要是为了解决反洗钱行政主管部门与侦查机关工作衔接的问题，与《刑事诉讼法》中规定的冻结是不同的概念，可见，这种临时冻结的时间比较短。相关侦查机关接到反洗钱行政主管部门报案后，认为需要继续冻结进而依据《刑事诉讼法》采取冻结措施的，不受这里的48小时的时限限制。

《反洗钱法》之所以这样规定，主要是考虑到冻结措施毕竟涉及相关组织、个人交易活动的正常进行，需要平衡反洗钱工作需要与保障正常经济流转之间的关系。

（二）海关的监管职责

1. 加强海关监管的必要性

现金和无记名有价证券单纯交付即可实现转让，流通性好，便于转让，相较通过金融机构转账等方式更易于逃避金融机构的反恐融资监控。因此，通过走私现金和无记名有价证券进出境的方式逃避反洗钱监管，成为恐怖主义融资的一种重要方式。

近年来，恐怖组织为筹措恐怖活动经费，通过将非法资金藏匿于交通工具或者随身携带等方式，走私现金或无记名有价证券进出境，资助恐怖活动组织和恐怖活动人员实施恐怖活动。为了防范这种跨境的洗钱和恐怖融资活动，我国《反洗钱法》《中华人民共和国海关法》（以下简称《海关法》）等相关法律法规规定了对现金和有价证券进出境的监管制度。《反洗钱法》第十二条第一款规定：“海关发现个人出入境携带的现金、无记名有价证券超过规定金额的，应当及时向反洗钱行政主管部门通报。”

《反恐怖主义法》第二十六条规定，除重申海关在对进出境人员携带现金和无记名有价证券实施监管过程中，如果发现涉恐融资的，应当立即通报反洗钱行政主管部门外，根据反恐怖主义工作需要，进一步明确规定还应当向公安机关通报，以便公安机关依法采取相应的措施。

2. 海关的监管职责

（1）海关负有监管进出境人员携带现金和无记名有价证券的职责

海关有权对个人携带的现金和无记名有价证券进出境进行检查。这里的“现金”包括人民币和外币现钞。“无记名有价证券”是指不记载权利人的姓名和名称，或者只写“持票人”等的有价证券。

（2）海关发现涉嫌恐怖主义融资的，应当立即通报国务院反洗钱行政主管部门和有管辖权的公安机关

海关在依照法律法规对进出境人员携带现金和无记名有价

证券实施监管的过程中，发现可能存在恐怖主义融资嫌疑的，应当立即通报国务院反洗钱行政主管部门和有管辖权的公安机关，以便于反洗钱部门根据《反洗钱法》的具体规定采取反洗钱行政调查等措施，公安机关根据《反恐怖主义法》和《刑事诉讼法》等法律具体的规定采取相应反恐怖行政调查或者刑事侦查等反恐措施。

四、区别对待分化瓦解、教育转化回归社会

（一）刑罚执行与帮教

1. 区分对待的重要性

与恐怖主义活动、极端主义活动作斗争，不仅需要强化打击的手段和力度，还需要对这类人员坚持区别对待、分化瓦解，最大化地实现教育转化，使其顺利回归社会。从这个意义出发，对参与恐怖主义活动、极端主义活动的人员加强帮教和刑罚执行力度，是反恐怖主义安全防范工作中的重要环节。

其中，对于受恐怖主义、极端主义毒害不是特别深，个人危险性不是特别大，情节轻微，尚不构成犯罪的人员，需要社会各个方面的共同努力，对其进行帮教，使其更快、更好地摆脱恐怖主义、极端主义的毒害。而对于监狱服刑人员，也应根据恐怖活动、极端主义犯罪的特点，加强管理，有针对性地进行教育、矫正，避免此类罪犯对其他服刑人员的传染影响以及此类罪犯彼此之间的交叉感染，提高教育转化的成功率。

2. 分化瓦解的意义

对于参加恐怖组织，从事恐怖活动的人员，要通过教育改造的方式促使其去极端化，回归正常的生活。特别是对不同的人员要进行不同的对待。例如，对于参与恐怖活动情节轻微的，要注重社会帮教，促使其思想上发生改变。而对于参与恐怖活动已经构成犯罪的罪犯，则要将其羁押于特定的场所进行教育改造。

不论是刑罚处罚还是社会帮教，都应当以教育为主、惩罚为辅，通过思想教育，清除上述相关人员的恐怖主义、极端主义思想，实现恐怖活动人员的去极端化，这才是防范恐怖主义的根本有效途径。

（二）危险评估与安置

1. 背景

尽管对参与恐怖活动的人员进行了刑罚处罚及教育改造，但也并不必然可以完全去极端化。待其刑满释放后进入社会，是否会对所生活的周边环境带来危险仍然是不确定的。因此，在恐怖活动罪犯和极端主义罪犯刑满释放之前进行风险评估是极为必要的。

开展反恐怖主义工作，必须坚持防范为主、惩防结合的工作原则。对于恐怖活动罪犯和极端主义罪犯，如何有效地进行教育转化，使其顺利回归社会，不再重新犯罪，是反恐怖主义安全防范工作的一项重要内容。

从实践情况看，恐怖活动罪犯和极端主义罪犯主观恶性较深，社会危害较重，教育转化有一定难度，一些人在刑满释放后回归社会确有困难，容易重新实施恐怖活动犯罪和极端主义犯罪，对社会具有较大的危险性。根据反恐怖主义工作的实践需要，对于恐怖活动罪犯、极端主义罪犯中少数服刑期满仍有社会危险性的，经人民法院决定，在释放后对其进行安置教育是必要的。

2. 意义

对恐怖活动罪犯和极端主义罪犯在刑满释放后进行的安置教育，是一种促进罪犯回归社会，防止其再发生社会危险性的预防性措施。一方面，有利于继续进行教育，巩固教育转化的效果；另一方面，可以通过安置进行职业培训，让其有业可就，自食其力，最终顺利地回归社会。

以联合国安理会第 2129 号决议为代表的一系列有关反恐的决议，都鼓励各成员国制订恐怖活动罪犯重返社会的方案。同时，这也是各国打击恐怖主义、开展去极端化工作中的重要内容和行之有效的做法。考虑到这种安置教育带有一定的强制性，为保证安置教育措施的准确、严格适用，必须进行准确全面的危险评估。

五、恐怖袭击有针对性、安全防范有重点

（一）防范重点目标确定

恐怖活动组织及人员为了通过恐怖袭击扩大影响力，引起民众恐慌和社会混乱，往往会选择一些标志性目标实施恐怖袭击。所以结合恐怖袭击的特征，我们可以采取相应的防范措施，事先划定恐怖袭击重点目标进行重点防范。预先有针对性地将易遭受恐怖袭击或者一旦遭受袭击，危害后果严重的特定目标，确定为防范恐怖袭击的重点目标，以有计划地预先重点强化有关管理单位的责任，并采取有效防范措施，确保安全。

确定防范恐怖袭击重点目标要考虑两个方面的因素：一是遭受恐怖袭击的可能性大小，二是一旦遭受恐怖袭击可能造成的后果的严重程度。所以，对于遭受恐怖袭击可能性较大，以及一旦遭受恐怖袭击，可能造成重大人员伤亡、财产损失或者社会影响的单位、场所、活动、设施等要确定为防范恐怖袭击的重点目标。

根据实践中的情况和需要，下列目标通常可以考虑确定为重点目标：商场（市场）、宾馆（饭店）、体育场（馆）、会堂、公共娱乐场所等公共聚集场所；医院、学校、托儿所、幼儿园；国家机关；客运车站、码头、民用机场；易燃易爆化学物品的生产、充装、储存、供应、销售单位；高层办公楼（写字楼）、高层公寓楼等高层公共建筑；城市地下铁道、地下观光隧道等地下公共建筑和城市重要的交通隧道；关系国计民生的重要物资集中的大型仓库和堆场；国家和省级等的重点工程的施工现场等。除上述目标外，公安机关和有关主管部门还可以根据本地实际、反恐怖主义工作的形势和需要，确定其他遭受恐怖袭击可能性较大以及一旦遭受恐怖袭击可能造成重大的人身伤亡、财产损失或者重大社会影响的目标为防范恐怖袭击的重点目标。

（二）安全防范职责

“防范为主、惩防结合”是反恐怖主义工作的重要原则之一。被确定为重点目标的往往是遭受恐怖袭击可能性较大或者一旦遭受恐怖袭击，会造成严重后果的单位、场所等，因此，可以说，重点目标的管理单位处于防范恐怖袭击的前沿阵地。《反恐怖主义法》关于安全防范的一系列规定，需要重点目标的管理单位在日常工作中一一落实。只有每个重点目标管理单位切实履行好防范职责，落实好法律法规规定的各项职责义务，反恐怖主义工作才能落到实处，对可能发生的恐怖袭击才能做到有效的预防和应对。

对每个重点目标的管理单位而言，防范恐怖袭击与日常的工作、生产、经营一样，都是管理单位应当认真考虑和妥善安排的重要工作。因此，可以说每一个重点目标管理单位都是自身安全的责任主体，而且这种主体地位和作用是公安机关、反恐怖主义工作领导机构等有关部门无法替代的。具体的职责主要有：

1. 制定防范和应对处置恐怖活动的预案、措施，定期进行培训和演练。

2. 建立反恐怖主义工作专项经费保障制度，配备、更新防范和处置设备、设施。

3. 指定相关机构或者落实责任人员，明确岗位职责。

4. 实行风险评估，实时监测安全威胁，完善内部安全管理。

5. 定期向公安机关和有关部门报告防范措施落实情况。

（三）人员背景审查

1. 人员背景审查的重要性

从境外反恐怖主义的经验看，恐怖分子与重点目标内部人员相互勾结实施恐怖袭击的情况时有发生，有的恐怖组织为了实施恐怖袭击，处心积虑，想方设法渗透到重点目标内部从而实施恐怖袭击活动。因此，必须加强对重点目标内部人员特别是重要岗位人员的安全背景审查，从而确保重点目标安全，避免和防范恐怖袭击的发生。

2. 人员背景审查的关键点

重点目标的管理单位应当对重要岗位人员进行安全背景审查。对不符合重要岗位任职条件的人员，应当调整工作岗位，并将有关情况通报公安机关。其中的"安全背景审查"是指通过对重要岗位工作人员的一贯表现、亲属及主要社会关系、接触的群体以及对有关恐怖主义、极端主义事件的倾向性态度等方面的情况，综合判断其是否同情、支持恐怖主义、极端主义，是否受到恐怖主义、极端主义影响，甚至是否具有恐怖主义、极端主义倾向和危险。审查可以通过谈话、查阅有关资料、发函请有关部门协助提供有关情况等多种方式进行。对于经审查发现有不适合继续在该重要岗位工作的情形的人员，重点目标管理单位应当及时将该人员调整出重要岗位。此外，根据《反恐怖主义法》第三十三条的规定，对有不适合情形的人员，重点目标管理单位还应当将有关情况通报公安机关，以便公安机关及时了解情况，并根据情况采取相应措施。

3. 人员背景审查的特别注意事项

应当特别注意的是，在以往的反恐怖主义工作中，个别地方出现某些因地域、民族、宗教等理由而采取歧视性做法的现象。这些做法往往容易激化社会矛盾甚至产生新的社会矛盾，给恐怖分子等敌对势力煽动恐怖活动或者实施破坏行为提供借口和条件，反而影响反恐怖主义工作的顺利开展。在实践中执行该条规定时，要特别注意处理好安全背景审查与尊重公民的宗教信仰自由和民族风俗习惯的关系，防止简单粗暴地基于地域、民族、宗教等理由而采取歧视性做法。

（四）大型场所安全保障

恐怖活动分子为了达到目的，试图以造成重大人员伤亡，来引起严重的社会恐慌以及产生重大社会负面影响，往往会选取大型活动场所，如机场、火车站、码头、城市轨道交通站、

公路长途客运站、口岸等实施恐怖袭击。

因此，加强大型活动场所的安全保卫工作，加大对进入大型活动场所的人员、物品、交通工具的安全检查，这类场所管理单位发现可疑情况和人员时，应及时报告、处理；发现违禁品和管制物品时，应当予以扣留并立即向公安机关报告；发现涉嫌违法犯罪人员时，应当立即向公安机关报告。对于防范恐怖活动，避免重大伤亡事件发生，保障每一个公民的人身、财产安全具有重要意义。

案例

2014 年 3 月 1 日 21 时 20 分左右，在云南省昆明市火车站发生的一起由新疆分裂势力组织策划，以阿不都热依木·库尔班为首的暴力恐怖团伙（共 8 人）具体实施的无差别砍杀事件，就是一起精心策划的以大型活动场所为目标的恐怖袭击，这一事件造成多人死伤。[1]

① 参见《云南昆明火车站发生暴力恐怖案件》，载新华网，https://www.360kuai.com/pc/954d87dc1d5faab83?cota=4&tj_url=so_rec&sign=360_57c3bbd1&refer_scene=so_1，最后访问时间：2019 年 12 月 18 日。

（五）公共交通的防范措施

1. 交通运营单位的物防保障

防范恐怖袭击，“物防、技防和人防”三者不可或缺。从防范恐怖袭击的实践经验看，航空器、列车、船舶、城市轨道交通、公共电汽车等公共交通运输工具，因为具有公共性、运输便利性等特点，它们既可能成为恐怖袭击的重点目标，也可能成为恐怖分子相互勾结、流窜作案的主要出行工具。加强对这些公共交通运输工具的物防、技防和人防方面的建设，一方面，可以防止其成为恐怖袭击对象；另一方面，可以防止恐怖分子的流动聚合，对他们形成高压打击之势。为此，《反恐怖主义法》第三十五条要求营运单位依照规定对公共交通运输工具配备安保人员和相应设备、设施，加强安全检查和保卫工作。

2. 航空器的特殊防范

在各类交通运输工具中，航空器容易被作为袭击的对象或者工具，因为航空器能满足恐怖分子的破坏欲望，而且航空和飞行安全更受社会关注，所以针对航空器或者利用飞行活动实施犯罪，更容易达到恐怖分子制造社会影响的目的。正因如此，一旦航空器或者飞行活动成为恐怖袭击的对象或者工具，往往会造成极为严重的后果。

因此，严密防范针对航空器或者利用飞行活动实施的恐怖活动，是安全防范工作中的重中之重。为此，《反恐怖主义法》第三十七条制定了飞行管制、民用航空、公安等主管部门应严密防范针对航空器或者利用飞行活动实施恐怖主义犯罪的规定。

案例

2013 年 10 月 28 日发生于北京天安门的暴力恐怖袭击事件，恐怖分子就选择了汽车作为恐怖袭击的工具。受恐怖组织东突厥斯坦伊斯兰运动控制的乌斯曼·艾山及其母亲、妻子 3 人驾驶吉普车由东闯入长安街便道，撞倒多名行人后，撞上了天安门城楼前金水桥的护栏，随即起火。该事件造成 3 名无辜群众死亡，39 人受伤。[①]

---

① 参见《天安门暴恐案罪犯被执行死刑》，载人民网，http://ah.people.com.cn/n/2014/0824/c358314-22083773.html，最后访问时间：2019 年 12 月 18 日。

六、边境严查防范、海外利益保护

（一）边境管理措施

对国（边）境实行严格管理，对于维护国家安全和社会稳定具有重要意义。《出境入境管理法》对于中国公民和外国人出、入境有着明确的规定，其中第六条第二款规定："中国公民、外国人以及交通运输工具应当从对外开放的口岸出境入境，特殊情况下，可以从国务院或者国务院授权的部门批准的地点出境入境……"根据《出境入境管理法》第九条、第十五条等条文的相关规定，中国公民出境入境，应当依法申请办理护照或者其他旅行证件，还需要取得前往国签证或者其他入境许可证明。通关时应当向出入境边防检查机关交验护照等证件，履行规定的手续，经查验许可，方可出境入境；外国人入境，应当向驻外签证机关申请办理签证，通关时也要交验证件，经查验许可，方可出境入境；外国人出境，应当向出入境边防检查机关交验本人的护照或者其他国际旅行证件等出境入境证件，履行规定的手续，经查验准许，方可出境。

近年来，随着恐怖主义威胁的增大，涉恐人员通过偷越国（边）境，内外勾结实施恐怖活动的现象增多，境外恐怖组织人员“回流”入境成为当前我国反恐面临的重大现实威胁，因此必须进一步加强国（边）境管理，严把出境入境关口。涉恐人员偷越国（边）境的行为，有的是境内人员非法越境前往境外参加恐怖组织、接受恐怖培训，有的则是境外恐怖分子非法入境，这两种行为都严重妨害了国（边）境管理秩序，严重威胁国家安全、人民群众生命财产安全和社会稳定。为了严密国（边）境管理，防止涉恐人员非法越境，阻断其非法出境、入境通道，有必要建立健全边防地区和部门的联勤联控机制，加强边防基础设施建设，在重要的边境地段采取物理隔离等防范措施，加大对边境地区出境入境通道、口岸的巡逻管控、检查力度，在进出边境地区的交通要道增设执勤卡点，逐步建成人防、物防、技防相结合的边境防控体系。《反恐怖主义法》第三十八条对主管部门在重点国（边）境地段和口岸设置相关设施，对有关人员、交通运输工具、物品、沿海沿边地区的船舶进行查验作出规定。

1. 严密国（边）境管理

防止涉恐人员非法入境，阻断其入境通道，有必要建立健全边境地区和边境管理部门的联勤联控机制，加强边防基础设施建设，在重要的边境还要实施物理隔离等防范措施，加大对边境地区出入境通道、口岸的巡逻管控、检查力度，逐步形成人防、物防、技防相结合的边境防控体系。

2. 出入境证件管控

（1）加强出入境证件管控的背景

随着全球化进程不断加深，恐怖活动也越来越具有跨国境的特征。一方面，恐怖主义活动的范围，从传统热点地区和国家向全球蔓延；另一方面，一些恐怖组织通过互联网等手段在全球范围内宣扬传播恐怖主义，鼓动、招募成员，受其影响，有的恐怖分子应召出国、出境参加恐怖活动组织，实施恐怖活动。在一些活跃的恐怖组织内，其成员相当一部分来自邻近国家，甚至来自西欧、北非、美洲、大洋洲等地区。

我国深受恐怖主义危害，我国境内的恐怖活动相当程度上也受到境外势力和因素的影响。我国境内也有一些人员非法出境从事恐怖活动，这些在境外参加恐怖活动的暴恐极端分子回流我国境内，使我国反恐工作面临更大的现实威胁。因此，必须加强国（边）境管控工作，防止恐怖活动人员出入国（边）境从事恐怖活动。加强对恐怖活动人员和恐怖活动嫌疑人员出境入境管制，一方面，能有效阻止境外恐怖活动向境内渗透，维护国家安全和社会稳定，保护公民人身、财产安全；另一方面，也能有效防止境内涉恐人员逃匿境外，依法对涉恐人员予以严惩，同时也有利于开展反恐国际合作，取得相关国家的支持。

（2）出入境证件签发机关、边防检查机关的处理权限

根据《反恐怖主义法》第三十九条的规定，对恐怖活动人员和恐怖活动嫌疑人员，出入境证件签发机关、出入境边防检查机关有权作出如下处理：一是决定不准其出境入境。这是指出入境边防检查机关在口岸进行边防检查工作中，发现有上述情形的，拒绝其提出的出境请求或者入境请求。二是不予签发出境入境证件。这是指出入境证件签发机关在办理出入境证件申请工作中，发现有上述情形的，拒绝为其发放相关证件。三是宣布其出入境证件作废。这是指出入境证件签发机关发现有上述情形的，将相关出入境证件予以作废，使其丧失出入境许可。实践中第一种处理和第三种处理可以同时作出，即在不准其出境入境的同时，宣布其出入境证件作废。

（3）实践中的注意事项

一方面，《反恐怖主义法》第三十九条是针对恐怖活动人员和恐怖活动嫌疑人员规定的对其出入境的管控措施，因此，除由出入境证件签发机关、出入境边防检查机关依照该条作出不准其出入境、不予签发出入境证件、宣布其出入境证件作废的

处理决定外，不排除依法对相关人员采取其他措施。如可以依照《反恐怖主义法》第四十条的规定，对恐怖活动嫌疑人依法扣留，并移送公安机关或者国家安全机关等。

另一方面，对依法采取出入境管控措施的恐怖活动嫌疑人员，如果有关部门经过调查等，已经排除了恐怖活动嫌疑，以及国家反恐怖主义工作领导机构依照《反恐怖主义法》第十五条的规定经过复核，撤销原认定的恐怖活动嫌疑人员，出入境证件签发机关、出入境边防检查机关应当依照规定及时取消对相关人员的出入境限制，以保障其合法权益。

3. 涉恐物品处理

（1）加强涉恐物品处理的背景

为了防范恐怖主义活动，防止恐怖主义人员出入国（边）境，严防核生化、枪支弹药、易燃易爆等危险品以及涉恐宣传品等物品渗透入境，必须加强国（边）境安全管理工作。海关、边防检查、检验检疫机关应当严格依照法律规定，把好国门，防止恐怖活动嫌疑人员和涉嫌恐怖活动物品出入国（边）境。《反恐怖主义法》第四十条对海关、边防检查、检验检疫机关在工作中发现恐怖活动嫌疑人员或者涉嫌恐怖活动物品时，应当如何处理作出明确规定，以保证相关职能部门能够密切配合，及时抓获恐怖活动嫌疑人员和查获涉嫌恐怖活动物品，共同做好反恐怖主义安全防范工作。

（2）涉恐物品处理的集体措施

海关、边防检查、检验检疫机关在工作中发现恐怖活动嫌疑人员或者涉嫌恐怖活动的物品，应当予以扣留，并移送公安机关或者国家安全机关处理。

此外，根据《出境入境管理法》的规定，出入境边防检查机关负责对出境入境人员携带的物品进行检查，必要时，经通知海关，可以对出境入境交通运输工具载运的货物实施边防检查。如果边防检查机关在实施检查过程中发现恐怖活动嫌疑人员和涉嫌恐怖活动物品的，应当依照《反恐怖主义法》第四十条的规定予以扣留，并移送公安机关或者国家安全机关处理。

（二）海外投资保护

1. 加强境外利益保护的必要性

改革开放以来，我国对外交往和经济文化交流日益频繁，特别是近年来随着“走出去”战略的实施，我国对外直接投资数额、赴境外人员数量持续高速增长。据 2019 年商务部、国家统计局和国家外汇管理局联合发布的《2018 年度中国对外直接投资统计公报》显示，2018 年中国对外直接投资 1430.4 亿美元，成为第二大对外投资国。2018 年末，中国对外直接投资存量达 1.98 万亿美元，在全球分国家地区的对外直接投资存量排名跃至第 3 位。截至 2018 年底，中国超 2.7 万家境内投资者在全球

188 个国家（地区）设立对外直接投资企业 4.3 万家，全球 80% 以上国家（地区）都有中国的投资。随着“一带一路”倡议的有序推进，可以预见我国对外投资还会进一步快速增长。面对我国境外投资的大幅上升，如何保证境外投资者的人身、财产安全，维护其在投资国的经济利益是我国面临的巨大挑战。

此外，中国公民赴境外工作、学习、旅游的人数也逐年增多，据媒体报道，2014 年中国出境旅游人数达 1.17 亿人次，2015 年中国出境旅游人数约 1.4 亿人次，我国连续两年成为全球出境旅游人数最多的国家。

随着我国海外利益的不断拓展，我国境外公民以及对外投资、驻外机构、设施、财产等面临着恐怖主义活动的现实威胁。为了建立我国境外利益安全防护体系，提高防范和应对境外恐怖袭击的能力，《反恐怖主义法》第四十二条对国家有关部门建立境外安全风险评估制度和加强安全保护能力建设作出规定。

2. 建立安全风险评估制度

境外利益保护要坚持积极防范、预判风险，通过收集、分析信息，掌握相关国家、地区面临的恐怖主义威胁情况，建立境外投资合作、旅游等安全风险评估制度。“安全风险评估”是指对境外人员、利益所面临的恐怖威胁、保护对象所处的环境、恐怖活动可能造成的影响，以及上述各项因素综合作用引发风险的可能性及后果等进行评估。有关部门在风险评估的基础上，可以根据情况通过发布评估报告、提示风险等形式为境外投资合作、商务、旅游等行业提供安全信息服务。专业高效的安全风险评估可以较为准确地识别和预警我国境外利益面临的恐怖威胁和可能造成的危害后果，评判应对恐怖威胁的能力，根据不同情况提出预防、应对恐怖活动的有效对策。

因此，安全风险评估是应对恐怖袭击威胁的一项重要措施，建立和完善安全风险评估机制，对于预防恐怖袭击、减轻恐怖袭击造成的损失，提高应对恐怖袭击的主动性、科学性和有效性都具有重要作用。根据《反恐怖主义法》第四十一条的规定，国务院外交、公安、国家安全、发展改革、工业和信息化、商务、旅游等主管部门应当建立安全风险评估制度，就所主管领域的工作开展境外安全风险评估，强化境外涉恐风险预警和安全教育。安全风险评估应当在综合各方面信息的基础上，重点考虑境外国家和地区的地理位置，经济社会发展情况以及民族、宗教等因素，以往是否发生过恐怖袭击以及应对处置恐怖活动的能力等情况，就发生恐怖袭击的可能性、恐怖袭击可能出现的区域，对我国境外投资合作、旅游等可能造成的损害等进行评估。

3. 加强对境外中国公民以及驻外机构、设施、财产的安全保护，以防范和应对恐怖袭击

《反恐怖主义法》第四十一条的规定：“国务院外交、公安、

国家安全、发展改革、工业和信息化、商务、旅游等主管部门应当建立境外投资合作、旅游等安全风险评估制度，对中国在境外的公民以及驻外机构、设施、财产加强安全保护，防范和应对恐怖袭击。”

具体的措施如建立与境外国家和地区的情报共享机制，及时向境外中国公民及驻外机构发布恐怖风险提示；通过外交途径积极争取境外国家和地区的支持，提高其对我国境外公民、机构、设施和财产等利益的重视程度和保护力度；为驻外机构和人员进行防范和应对恐怖袭击演练，提高应对能力和防范意识；指导中资机构建立健全内部安全保卫制度和应对恐怖袭击的预案；指导驻外机构配置专门的防范恐怖袭击的设备、设施；加强领事保护能力建设等，努力做到我国境外利益延伸到哪里，安全保障就跟到哪里。

案例

例如，索马里地区自1991年以来一直战乱不断，沿海地区海盗活动猖獗，被国际海事局列为世界索马里海盗活跃区域图上最危险的海域之一。2008年以来，索马里地区沿海累计发生80多起海盗袭击事件，平均每4天就有一艘船遭劫，海盗已猖獗到无以复加的地步。特别是自2006年以来，先后有近100名在不同国籍货船上工作的中国船员，遭到海盗劫持和袭击。为了维护我国海外的企业、公民的人身财产安全，我国展开了15世纪以来最大海军远征——中国军舰护航索马里海域。2008年12月26日下午1点45分，由中国自行建造的武汉号、海口号导弹驱逐舰和微山湖号综合补给舰，满载800名官兵，从海南三亚启航，赴亚丁湾索马里海域执行护航任务，这是我国首次使用军事力量，赴海外维护国家战略利益，是我军首次组织海上作战力量，赴海外履行国际人道主义义务，也是我国海军首次在远海保护重要运输线的安全。[①]

相关法条

《反恐怖主义法》

第十七条 各级人民政府和有关部门应当组织开展反恐怖

① 参见《中国军舰护航索马里海域》，载新华网，http://www.xinhuanet.com/mil/hhsmlhy/，最后访问时间：2019年12月18日。

主义宣传教育，提高公民的反恐怖主义意识。

教育、人力资源行政主管部门和学校、有关职业培训机构应当将恐怖活动预防、应急知识纳入教育、教学、培训的内容。

新闻、广播、电视、文化、宗教、互联网等有关单位，应当有针对性地面向社会进行反恐怖主义宣传教育。

村民委员会、居民委员会应当协助人民政府以及有关部门，加强反恐怖主义宣传教育。

第十八条　电信业务经营者、互联网服务提供者应当为公安机关、国家安全机关依法进行防范、调查恐怖活动提供技术接口和解密等技术支持和协助。

第十九条　电信业务经营者、互联网服务提供者应当依照法律、行政法规规定，落实网络安全、信息内容监督制度和安全技术防范措施，防止含有恐怖主义、极端主义内容的信息传播；发现含有恐怖主义、极端主义内容的信息的，应当立即停止传输，保存相关记录，删除相关信息，并向公安机关或者有关部门报告。

网信、电信、公安、国家安全等主管部门对含有恐怖主义、极端主义内容的信息，应当按照职责分工，及时责令有关单位停止传输、删除相关信息，或者关闭相关网站、关停相关服务。有关单位应当立即执行，并保存相关记录，协助进行调查。对互联网上跨境传输的含有恐怖主义、极端主义内容的信息，电信主管部门应当采取技术措施，阻断传播。

第二十条 铁路、公路、水上、航空的货运和邮政、快递等物流运营单位应当实行安全查验制度，对客户身份进行查验，依照规定对运输、寄递物品进行安全检查或者开封验视。对禁止运输、寄递，存在重大安全隐患，或者客户拒绝安全查验的物品，不得运输、寄递。

前款规定的物流运营单位，应当实行运输、寄递客户身份、物品信息登记制度。

第二十一条 电信、互联网、金融、住宿、长途客运、机动车租赁等业务经营者、服务提供者，应当对客户身份进行查验。对身份不明或者拒绝身份查验的，不得提供服务。

第二十二条 生产和进口单位应当依照规定对枪支等武器、弹药、管制器具、危险化学品、民用爆炸物品、核与放射物品作出电子追踪标识，对民用爆炸物品添加安检示踪标识物。

运输单位应当依照规定对运营中的危险化学品、民用爆炸物品、核与放射物品的运输工具通过定位系统实行监控。

有关单位应当依照规定对传染病病原体等物质实行严格的监督管理，严密防范传染病病原体等物质扩散或者流入非法渠道。

对管制器具、危险化学品、民用爆炸物品，国务院有关主管部门或者省级人民政府根据需要，在特定区域、特定时间，可以决定对生产、进出口、运输、销售、使用、报废实施管制，可以禁止使用现金、实物进行交易或者对交易活动作出其他限制。

第二十三条 发生枪支等武器、弹药、危险化学品、民用爆炸物品、核与放射物品、传染病病原体等物质被盗、被抢、丢失或者其他流失的情形，案发单位应当立即采取必要的控制措施，并立即向公安机关报告，同时依照规定向有关主管部门报告。公安机关接到报告后，应当及时开展调查。有关主管部门应当配合公安机关开展工作。

任何单位和个人不得非法制作、生产、储存、运输、进出口、销售、提供、购买、使用、持有、报废、销毁前款规定的物品。公安机关发现的，应当予以扣押；其他主管部门发现的，应当予以扣押，并立即通报公安机关；其他单位、个人发现的，应当立即向公安机关报告。

第二十四条 国务院反洗钱行政主管部门、国务院有关部门、机构依法对金融机构和特定非金融机构履行反恐怖主义融资义务的情况进行监督管理。

国务院反洗钱行政主管部门发现涉嫌恐怖主义融资的，可以依法进行调查，采取临时冻结措施。

第二十五条 审计、财政、税务等部门在依照法律、行政法规的规定对有关单位实施监督检查的过程中，发现资金流入流出涉嫌恐怖主义融资的，应当及时通报公安机关。

第二十六条 海关在对进出境人员携带现金和无记名有价证券实施监管的过程中，发现涉嫌恐怖主义融资的，应当立即通报国务院反洗钱行政主管部门和有管辖权的公安机关。

第二十九条 对被教唆、胁迫、引诱参与恐怖活动、极端主义活动，或者参与恐怖活动、极端主义活动情节轻微，尚不构成犯罪的人员，公安机关应当组织有关部门、村民委员会、居民委员会、所在单位、就读学校、家庭和监护人对其进行帮教。

监狱、看守所、社区矫正机构应当加强对服刑的恐怖活动罪犯和极端主义罪犯的管理、教育、矫正等工作。监狱、看守所对恐怖活动罪犯和极端主义罪犯，根据教育改造和维护监管秩序的需要，可以与普通刑事罪犯混合关押，也可以个别关押。

第三十条 对恐怖活动罪犯和极端主义罪犯被判处徒刑以上刑罚的，监狱、看守所应当在刑满释放前根据其犯罪性质、情节和社会危害程度，服刑期间的表现，释放后对所居住社区的影响等进行社会危险性评估。进行社会危险性评估，应当听取有关基层组织和原办案机关的意见。经评估具有社会危险性的，监狱、看守所应当向罪犯服刑地的中级人民法院提出安置教育建议，并将建议书副本抄送同级人民检察院。

罪犯服刑地的中级人民法院对于确有社会危险性的，应当在罪犯刑满释放前作出责令其在刑满释放后接受安置教育的决定。决定书副本应当抄送同级人民检察院。被决定安置教育的人员对决定不服的，可以向上一级人民法院申请复议。

安置教育由省级人民政府组织实施。安置教育机构应当每年对被安置教育人员进行评估，对于确有悔改表现，不致再危害社会的，应当及时提出解除安置教育的意见，报决定安置教育的中级人民法院作出决定。被安置教育人员有权申请解除安置教育。

人民检察院对安置教育的决定和执行实行监督。

第三十一条　公安机关应当会同有关部门，将遭受恐怖袭击的可能性较大以及遭受恐怖袭击可能造成重大的人身伤亡、财产损失或者社会影响的单位、场所、活动、设施等确定为防范恐怖袭击的重点目标，报本级反恐怖主义工作领导机构备案。

第三十二条　重点目标的管理单位应当履行下列职责：

（一）制定防范和应对处置恐怖活动的预案、措施，定期进行培训和演练；

（二）建立反恐怖主义工作专项经费保障制度，配备、更新防范和处置设备、设施；

（三）指定相关机构或者落实责任人员，明确岗位职责；

（四）实行风险评估，实时监测安全威胁，完善内部安全管理；

（五）定期向公安机关和有关部门报告防范措施落实情况。

重点目标的管理单位应当根据城乡规划、相关标准和实际需要，对重点目标同步设计、同步建设、同步运行符合本法第二十七条规定的技防、物防设备、设施。

重点目标的管理单位应当建立公共安全视频图像信息系统值班监看、信息保存使用、运行维护等管理制度，保障相关系统正常运行。采集的视频图像信息保存期限不得少于九十日。

对重点目标以外的涉及公共安全的其他单位、场所、活动、设施，其主管部门和管理单位应当依照法律、行政法规规定，建立健全安全管理制度，落实安全责任。

第三十三条 重点目标的管理单位应当对重要岗位人员进行安全背景审查。对有不适合情形的人员，应当调整工作岗位，并将有关情况通报公安机关。

第三十四条 大型活动承办单位以及重点目标的管理单位应当依照规定，对进入大型活动场所、机场、火车站、码头、城市轨道交通站、公路长途客运站、口岸等重点目标的人员、物品和交通工具进行安全检查。发现违禁品和管制物品，应当予以扣留并立即向公安机关报告；发现涉嫌违法犯罪人员，应当立即向公安机关报告。

第三十五条 对航空器、列车、船舶、城市轨道车辆、公共电汽车等公共交通运输工具，营运单位应当依照规定配备安保人员和相应设备、设施，加强安全检查和保卫工作。

第三十六条　公安机关和有关部门应当掌握重点目标的基础信息和重要动态，指导、监督重点目标的管理单位履行防范恐怖袭击的各项职责。

公安机关、中国人民武装警察部队应当依照有关规定对重点目标进行警戒、巡逻、检查。

第三十七条　飞行管制、民用航空、公安等主管部门应当按照职责分工，加强空域、航空器和飞行活动管理，严密防范针对航空器或者利用飞行活动实施的恐怖活动。

第三十八条　各级人民政府和军事机关应当在重点国（边）境地段和口岸设置拦阻隔离网、视频图像采集和防越境报警设施。

公安机关和中国人民解放军应当严密组织国（边）境巡逻，依照规定对抵离国（边）境前沿、进出国（边）境管理区和国（边）境通道、口岸的人员、交通运输工具、物品，以及沿海沿边地区的船舶进行查验。

第三十九条　出入境证件签发机关、出入境边防检查机关对恐怖活动人员和恐怖活动嫌疑人员，有权决定不准其出境入境、不予签发出境入境证件或者宣布其出境入境证件作废。

第四十条　海关、出入境边防检查机关发现恐怖活动嫌疑人员或者涉嫌恐怖活动物品的，应当依法扣留，并立即移送公安机关或者国家安全机关。

第四十一条 国务院外交、公安、国家安全、发展改革、工业和信息化、商务、旅游等主管部门应当建立境外投资合作、旅游等安全风险评估制度，对中国在境外的公民以及驻外机构、设施、财产加强安全保护，防范和应对恐怖袭击。

第四十二条 驻外机构应当建立健全安全防范制度和应对处置预案，加强对有关人员、设施、财产的安全保护。

第五章

反恐怖主义工作的情报

- **反恐怖主义工作的情报**
  - 情报信息的工作机制
    - 建立国家反恐怖主义情报中心和实施跨部门、跨地区情报信息工作机制
    - 有关部门应当加强反恐怖主义情报信息搜集工作，并将有关情报信息依照规定及时统一归口报送国家反恐怖主义情报信息中心
    - 地方反恐怖主义情报信息工作要根据情报工作特点，整合情报汇集途径和传输渠道，建立高效统一、安全可靠、反应迅速的反恐怖主义情报信息工作系统
  - 情报信息工作依靠群众
  - 情报工作可采取技术侦查手段
    - 采取技术侦查手段的条件和程序
    - 获取材料的用途规定
  - 提供情报的义务
  - 情报信息的研判处理
    - 对获得情报信息的处理
    - 对认为有恐怖事件发生危险的处理
  - 情报工作如何保护隐私
    - 反恐工作中保护隐私的重要性
    - 相关部门、个人的保密工作规定
    - 违反保密职责的法律规定
    - 违反保密工作的法律责任

恐怖主义活动往往具有隐秘性、突发性，恐怖分子在何时、何地发动恐怖袭击是不确定的，这不仅为恐怖袭击的防范带来困难，也为恐怖袭击后采取快速的处置和救援增加了难度。因此，在恐怖袭击发生之前，掌握准确的情报信息，尽早发出预警，对于恐怖袭击的预防以及采取有效的应对措施具有积极的意义。

通过借鉴他国反恐斗争的经验以及结合我国反恐斗争的具体情况，我国也越来越重视反恐中的情报信息工作。加强情报工作，必须统筹情报收集、分析、研判和分享等各个环节，建立科学、高效的情报信息工作体制和机制。

一、情报信息的工作机制

国家反恐怖主义工作领导机构建立国家反恐怖主义情报中心，实行跨部门、跨地区情报信息工作机制，统筹反恐怖主义情报信息工作，为反恐怖主义情报信息工作的具体开展提供了机制保证和制度基础。

恐怖事件在时间上往往带有一定的突发性，及时掌握相关情报信息，是准确、及时进行预测、预警，迅速、妥善应对处置的前提。从世界其他国家反恐斗争的经验看，各国普遍都十分重视反恐中的情报信息工作。据报道，美国中央情报局通过情报工作，在1985—1987年三年间提前发现并制止了多起恐怖袭击。“9·11”事件发生后，美国对其情报体制进行了改革，进一步强化了情报机构在反恐工作中的作用。

反恐斗争要坚持情报引领，加强情报搜集和研判，提高预警预防能力，努力做到预警在前、防范在先，努力为打击防范赢得主动权。情报工作是反恐怖主义工作的关键，情报工作效率的高低，直接影响对恐怖事件的应对处置工作。只有及时、准确地汇集、储存、分析和传输相关情报信息，使有关部门及时掌握恐怖活动组织和人员的动向，才能有针对性地采取积极有效的措施来预防和应对恐怖袭击，才能最大限度地减少恐怖事件造成的损失，才能保护人民群众的生命财产安全。在制定《反恐怖主义法》的过程中，通过总结我国开展反恐怖斗争的实践经验，并参考其他一些国家和地区的法律规定，《反恐怖主义法》第四十三条对我国反恐怖主义情报信息工作体制机制作出了具体规定。

（一）建立国家反恐怖主义情报中心和实施跨部门、跨地区情报信息工作机制

建立国家反恐怖主义情报中心也是反恐怖主义情报工作自身特点和规律的需要。由于恐怖活动涉及面广，相关情报信息来源复杂，往往需要整合经济、社会多方面的信息资源，从海量的数据信息中发现恐怖事件的线索，因此，需要由国家反恐怖主义情报中心统筹情报信息工作。

这一机制可以从两个方面理解：

第一，反恐怖主义情报信息的收集、汇集、分析和研判工作要实现跨部门、跨地区。

第二，反恐怖主义情报信息分析、研判的成果要实现按工作需要跨部门、跨地区分享。国家反恐怖主义情报信息中心要完善反恐怖主义情报会商研判机制，加强深度分析和综合研判，根据需要将分析、研判结果及时反馈一线执法部门，提高反恐怖主义情报工作的服务保障水平。

（二）有关部门应当加强反恐怖主义情报信息搜集工作，并将有关情报信息依照规定及时统一归口报送国家反恐怖主义情报信息中心

《反恐怖主义法》第四十三条第二款的规定包括两个方面的内容：

第一，有关部门应当加强反恐怖主义情报信息搜集工作。搜集工作是情报工作的基础和前提，只有广泛搜集情报信息，才能为下一步的情报分析、研判等环节提供充分的信息源。这里的有关部门是指公安、国家安全、军队等部门。各部门应当根据职责分工，加强反恐怖主义情报信息搜集工作，充分利用科技手段，积极发挥情报人员的作用，建立覆盖面广、准确高效的情报信息搜集系统，针对恐怖主义威胁严重的地区和重点行业、重点目标，加大力量投入，加强情报阵地和手段建设，最大限度地获取境内外有关恐怖主义的情报信息。

第二，各部门搜集到的有关恐怖主义活动的线索、人员、行动类情报信息，应当依照规定及时统一归口报送国家反恐怖主义情报中心，由国家反恐怖主义情报中心进行归口处理，实现反恐怖情报资源整合共享。

（三）地方反恐怖主义情报信息工作要根据情报工作特点，整合情报汇集途径和传输渠道，建立高效统一、安全可靠、反应迅速的反恐怖主义情报信息工作系统

地方反恐怖主义工作领导机构主要负责所辖区域内的反恐怖主义情报工作，根据情报工作的特点，地方反恐怖主义工作领导机构也应当建立跨部门情报信息工作机制，组织开展反恐怖主义情报信息工作，整合情报汇集途径和传输渠道，建立高效统一、安全可靠、反应迅速的反恐怖主义情报信息工作系统。各地方要加快反恐怖主义情报信息平台建设，实现与国家平台的无缝对接。此外，根据《反恐怖主义法》第四十三条第三款的规定，地方反恐怖主义工作领导机构还承担对重要情报信息和涉及其他地方的紧急情报信息的报告和通报责任。

第一，对于重要的情报信息，地方反恐怖主义工作领导机构应当及时向上级反恐怖主义工作领导机构报告，这里“重要的情报信息”一般是指情报信息指向的恐怖活动可能导致重大危害、重大影响的情报信息和涉及较重大的恐怖活动组织、案件等的情报信息等。关于重要的情报信息的判断标准，可以在实际工作中由相关部门确定。

第二，对于涉及其他地方的紧急情报信息，应当及时通报相关地方。反恐怖主义工作是“一盘棋”，各地应当形成反恐怖

主义合力，不能只顾自己辖区的“一亩三分地”。特别是对于在情报工作中搜集、发现的涉及其他地方的紧急情报信息，必须及时通报相关地方，以便相关地方的主管部门迅速开展反恐怖主义工作，防止因层层上报、下传而贻误时机，造成损失。

二、情报信息工作依靠群众

反恐怖主义情报信息工作需要搜集大量且复杂的恐怖主义活动相关的信息，因此必然需要投入大量的人力、物力。但是，国家及地方反恐怖主义情报信息机构的人员及掌握的资源必然有限，完全依靠国家机构恐怕难以应对日益复杂多变的反恐怖主义情报信息工作。可见，做好反恐怖主义情报信息工作离不开人民群众的支持，而我国历来在各项事业的开展中都坚持“一切为了群众，一切依靠群众”“从群众中来，到群众中去”的群众路线，也一直是我们开展各项工作的优良传统。公安机关、国家安全机关和有关部门提高反恐怖主义情报信息工作能力必须坚持这一重要原则，要积极争取有关部门、社会各界和人民群众对反恐情报信息工作的理解、支持和参与。如果可以将群众发动起来，参与到反恐怖主义情报信息工作中来，必然为此项工作的有效开展提供助力。

恐怖袭击往往以平民为对象，给普通民众的生命、财产安全带来极大的威胁，人民群众对恐怖主义也深恶痛绝。这成为在反恐怖主义情报信息工作中坚持专群结合、贯彻群众路线的群众基础。

因此，我们应当充分相信群众、发动群众、依靠群众，通过组织人民群众广泛参与到反恐怖主义的各项工作中来，进而确立起全民反恐的策略。只有通过人民群众的广泛参与，才能全面细致地开展情报信息工作，真正做到让恐怖活动组织和人员无处遁形。

三、情报工作可采取技术侦查手段

为打击严重犯罪，采取相应的技术侦查措施，是各国的通行做法，也是追究犯罪的需要。我国《刑事诉讼法》《中华人民共和国人民警察法》（以下简称《人民警察法》）和《中华人民

共和国反间谍法》都规定，因侦查犯罪的需要，根据国家有关规定，经过严格的批准手续，可以采取技术侦查措施。由于恐怖主义犯罪对国家安全、公共安全、人民生命财产安全构成严重威胁，且这些犯罪往往具有组织严密、行动隐蔽等特点，反恐怖主义情报工作成为反恐怖斗争的重要组成部分，这就需要相关情报部门根据需要采取多种措施开展工作，既要采用针对一般刑事犯罪的侦查措施，又要有应对恐怖主义行为所必不可少的特殊技术侦查措施。从国外的情况看，很多国家在应对恐怖主义工作中，十分注重技术侦查措施的运用。

为了提高反恐怖主义情报信息工作能力，将恐怖事件消灭于萌芽状态或者初起之时，法律规定了有关部门采取技术侦查措施的职权。与此同时，考虑到技术侦查措施在执行过程中可能涉及个人隐私和公共利益，所以技术侦查的范围、有关部门的权利必须在法律中予以明确规定，并加以必要限制。一方面，要完善侦查措施，赋予有关机关必要的技术侦查手段，加强防范和打击恐怖活动的能力；另一方面，也要强化对技术侦查措施的规范、制约，防止滥用。

（一）采取技术侦查手段的条件和程序

一方面，技术侦查措施只能由公安机关、国家安全机关、军事机关在其职责范围内进行；另一方面，技术侦查措施只能在反恐怖主义情报信息工作确有需要的情况下进行。

另外，“根据国家有关规定，经过严格的批准手续”，这是采取技术侦查措施的程序要求。主要是由于实际情况较为复杂，针对不同的适用对象、不同的情况采取的技术侦查措施种类是不同的，要经过的批准程序也不尽相同，所以法律上采取了目前的原则性表述的方法。

“经过严格的批准手续”，包括两层意思：一是有关规范技术侦查措施使用的审批程序要严格。有关部门依法制定的采取技术侦查措施的审批程序，本身要对各种侦查措施在什么情况下、什么范围内、经过什么样的程序批准才能使用作出严格且明确的规定，使有关机关及其工作人员在工作中加以遵循，防止滥用。二是对批准采取技术侦查措施的要求。采取技术侦查措施必须依照规定履行严格的批准手续。实践中，有权批准使用这一措施的人，在批准与否上一定要严格掌握，在接到要求采取技术侦查措施的申请报告后，要认真审查，严格把关。第一要审查是否属于可以采取技术侦查措施的范围；第二要审查采取技术侦查措施是否是反恐怖主义情报信息工作所必需。

（二）获取材料的用途规定

技术侦查所获取的材料，只能用于反恐怖主义应对处置和对恐怖活动犯罪、极端主义犯罪的侦查、起诉和审判，不得用于其他用途。公安机关、国家安全机关、军事机关采取技术侦查措施时，不可避免地会获取到组织和个人的信息、材料，为保护组织和个人的合法权益，避免发生侵权行为，法律规定不得用于其他用途。这里规定的“其他用途”是指反恐怖主义应对处置和对恐怖活动犯罪、极端主义犯罪的侦查、起诉和审判之外的用途，如民事纠纷的调处解决和商业用途等。

四、提供情报的义务

恐怖活动组织及其人员的活动信息具有涉及面广、行为隐蔽等特点，反恐怖主义情报工作往往需要将有关社会管理中的基础信息，作为分析、研判涉恐信息的依据和支持条件。

特别是近年来随着信息技术的发展，运用大数据技术对各类数据信息进行关联分析和比对，从中发现有用的情报信息，越来越具有现实应用价值。有些看似非情报信息，如出境入境人员信息、交通运输信息、邮政快递等货运信息、重点目标和人群密集区域的视频监控资料等，但是在辅助甄别情报信息的准确与否，协助有关部门及时查获犯罪嫌疑人等方面发挥了重要作用。

不仅是机构、组织，公民个人也负有及时报告危害国家安全活动的线索、提供危害国家安全活动的证据的义务。恐怖主义追求某种政治或意识形态的目的，在实施恐怖活动的过程中难免危害国家安全。因此，机构、组织乃至公民个人在反恐怖主义工作中，都应积极履行向国家反恐怖主义情报中心等相关部门提供反恐怖主义情报信息的义务。

五、情报信息的研判处理

反恐怖主义斗争情报是关键，收集大量情报信息后，还必须加强情报搜集研判，提高预警预防能力。《反恐怖主义法》第四十七条的规定，目的在于要求有关部门和单位对收集、接收到的各类情报信息及时进行研判处理，做好反恐安全防范和应对处置工作。根据《反恐怖主义法》第四十三条至第四十六条的规定，国家建立反恐怖主义情报中心，实行跨部门、跨地区的情报信息工作机制，统筹反恐怖主义情报信息工作；地方反恐怖主义工作领导机构建立跨部门情报信息工作机制，组织开展反恐怖主义情报信息工作；公安机关、国家安全机关等部门依法履行反恐怖主义情报信息搜集工作。

实践中，情报信息来源渠道广泛，包括下级部门、反恐领导机构报送的情报信息，基层情报信息工作力量提供的情报信息，又或者群众举报的情报信息，以及有关部门在安全防范工作中或者采取技术侦查措施等手段收集到的情报信息等。这些情报信息有的是初步信息，甚至仅是线索，信息含量大，真实性、准确性需要仔细甄别，细节上还需要补充，存在去粗取精、去伪存真和补充的过程。

因此，《反恐怖主义法》第四十七条规定了对情报信息进行筛查、研判、核查和监控，剔除不实情报信息，对经过上述信息处理过程后认为有发生恐怖事件危险的可能，需要根据情况，及时应对，包括进一步核实信息、搜集、固定证据，发出预警或者通报有关部门采取安全防范和应对处置措施等。

（一）对获得情报信息的处理

国家反恐怖主义情报中心、地方反恐怖主义工作领导机构以及公安机关等有关部门应当对通过有关途径获得的情报信息进行筛查、研判、核查、监控。筛查是对情报信息进行的甄别工作，剔除虚假不实的情报信息、线索，以及无价值或者不属于恐怖主义有关的情报信息。筛查是依据现有材料、主观经验等对情报信息进行的初查。研判是组织力量对相关情报信息的可信程度、发生恐怖活动可能性的大小，行动时间、地点、人员和危害后果等进行分析研究和判别。核查是对难以判断的情报信息，或者时间、地点、人员、规模等细节情况不明的情报采取一定手段进行核实调查。监控是对有关情报信息或者情报信息涉及人员进行监视控制。包括：对一时难以获得有效情报信息的，采取监控措施进一步收集更为准确、翔实的恐怖主义情报信息；或者对有现实危险、可能引起恐怖活动的信息、人员进行监控，随时掌握情况，便于及时采取刑事措施和开展应对处置。

反恐情报分析、研判和预警是一项重要和具有专业性的工作，实践中还应当加强反恐情报分析研判队伍的建设，进一步提高研判人员分析研判情报的能力和水平。根据《反恐怖主义法》和有关法律的规定，在对情报信息进行筛查、研判、核查和监控的过程中，公安机关、国家安全机关等部门可以采取必要的调查手段和措施。

（二）对认为有恐怖事件发生危险的处理

分析研判情报信息后，认为有可能发生恐怖事件，需要采取相应的安全防范和应对处置措施时，应当及时通报有关部门和单位，并可以根据情况发出预警。对情报信息经过筛查、研判、核查、监控后，对其中认为具有发生恐怖事件危险，需要采取相应的安全防范、应对处置措施的，应当及时将情报信息及有关要求通报有关部门和单位。在情况较为复杂，确实难以确定是否具有发生恐怖事件危险，以及采取何种程度措施时，可组织有关部门、专业技术人员等力量进行会商，研究发生恐怖事件危险大小和需采取的相应措施。

通报有关部门和单位，不仅包括通报各级反恐怖主义工作领导机构、公安机关、国家安全机关等恐怖事件应对处置部门，还包括可能需要采取安全防范措施的金融、海关、电信、互联网等部门以及重点目标管理单位、可能遭受袭击的单位等。在通知有关部门和单位的同时，情报部门可以根据情况发出恐怖事件预警。

《反恐怖主义法》对恐怖主义预警制度作了规定，目的是为打击防范恐怖活动赢得主动，切实做到预警在先、防范在先，不断提升主动发现能力、侦查打击能力。同时，增强社会大众对暴恐现实威胁的风险意识，及时提醒有关单位和社会加强对重要目标的反恐防范，避免损害的发生。

六、情报工作如何保护隐私

（一）反恐工作中保护隐私的重要性

反恐怖主义工作事关国家安全、公共安全和人民群众生命财产安全，为有效预防和应对恐怖活动，增强反恐怖主义工作力度，采取各种安全防范措施，以及给予执法机关有力的执法手段等都是必需的。执法机关或者有关部门在履行反恐怖主义工作职责和义务的过程中不可避免地接触到一些国家秘密、商业秘密和公民个人隐私。

例如，有关部门为反恐需要，根据《反恐怖主义法》的有关规定，在对互联网进行管理、管控和调查的过程中，或者在采取技术侦查措施的过程中，可能会知悉其他组织、公民的合法商业秘密或者个人隐私。有关重点目标单位按照反恐怖主义工作需要，配备、安装公共安全视频图像信息系统等防范恐怖袭击的技防设备，履行反恐怖主义工作义务过程中，可能知悉公民个人隐私等。因此，对平衡反恐怖主义工作手段和保护国家秘密、商业秘密、个人隐私作出明确规定是十分必要的。

另外，反恐怖主义工作应当依法进行，尊重和保障人权，维护公民和组织的合法权益。对国家秘密、商业秘密、个人隐私予以保护，既是对国家安全、公共安全的保障，也是在反恐怖主义工作中贯彻尊重和保障人权，维护公民和组织合法权益的体现。

（二）相关部门、个人的保密工作规定

反恐怖主义工作领导机构、有关部门和单位、个人在履行反恐怖主义工作职责、义务过程中有可能涉及、了解有关国家秘密、商业秘密和个人隐私。国家秘密一旦被泄露，就会对国家安全和利益造成危害或者威胁；商业秘密被泄露，会给商业秘密所有单位和个人的生产、经营活动带来不利影响，造成经济损失；个人隐私的泄露，则侵犯了当事人的合法权利，可能给当事人的名誉造成损害，影响正常生活，给个人带来精神痛苦，并造成心理压力。因此，各部门、单位和个人对于在反恐怖主义工作中接触、知悉的国家秘密、商业秘密和个人隐私都应当

予以保密。

（三）违反保密职责的法律规定

“泄露”是指行为人把自己掌握或者知悉的国家秘密、商业秘密和个人隐私让不应知悉者知悉的行为。泄露的方式是多种多样的，既可以是口头泄露，也可以是书面泄露；既可以是以交付实物的方式泄露，也可以是以发送电子信函的方式泄露等。

关于法律责任，《反恐怖主义法》第四十八条的规定与第九十四条第一款的规定是相互联系的，第九十四条关于违反规定泄露国家秘密、商业秘密、个人隐私的法律责任主体是反恐怖主义工作领导机构、有关部门的工作人员，第四十八条规定的法律责任主体则包括所有在履行反恐怖主义工作职责、义务过程中知悉国家秘密、商业秘密、个人隐私的有关单位及个人。

（四）违反保密工作的法律责任

根据《中华人民共和国保守国家秘密法》的有关规定，违反规定泄露国家秘密的，依法给予处分，构成犯罪的，依法追究刑事责任，对于尚不构成犯罪，不适用处分的人员，由保密行政管理部门督促其所在机关、单位予以处理。根据《刑法》第三百九十八条的规定，违反保守国家秘密法的规定，故意或者过失泄露国家秘密，情节严重的，处三年以下有期徒刑或者拘役；情节特别严重的，处三年以上七年以下有期徒刑。对于违反规定，泄露商业秘密、个人隐私，构成《刑法》第二百一十九条侵犯商业秘密罪，第二百四十六条侮辱罪、诽谤罪，第二百五十三条之一侵犯公民个人信息罪等情况的，依法追究刑事责任。对于尚不构成犯罪的，应当依法给予处分，或者承担相应民事责任。

相关法条

《反恐怖主义法》

第四十三条 国家反恐怖主义工作领导机构建立国家反恐怖主义情报中心，实行跨部门、跨地区情报信息工作机制，统筹反恐怖主义情报信息工作。

有关部门应当加强反恐怖主义情报信息搜集工作，对搜集的有关线索、人员、行动类情报信息，应当依照规定及时统一归口报送国家反恐怖主义情报中心。

地方反恐怖主义工作领导机构应当建立跨部门情报信息工作机制，组织开展反恐怖主义情报信息工作，对重要的情报信息，应当及时向上级反恐怖主义工作领导机构报告，对涉及其他地方的紧急情报信息，应当及时通报相关地方。

第四十四条 公安机关、国家安全机关和有关部门应当依靠群众，加强基层基础工作，建立基层情报信息工作力量，提高反恐怖主义情报信息工作能力。

第四十五条　公安机关、国家安全机关、军事机关在其职责范围内，因反恐怖主义情报信息工作的需要，根据国家有关规定，经过严格的批准手续，可以采取技术侦察措施。

依照前款规定获取的材料，只能用于反恐怖主义应对处置和对恐怖活动犯罪、极端主义犯罪的侦查、起诉和审判，不得用于其他用途。

第四十六条　有关部门对于在本法第三章规定的安全防范工作中获取的信息，应当根据国家反恐怖主义情报中心的要求，及时提供。

第四十七条　国家反恐怖主义情报中心、地方反恐怖主义工作领导机构以及公安机关等有关部门应当对有关情报信息进行筛查、研判、核查、监控，认为有发生恐怖事件危险，需要采取相应的安全防范、应对处置措施的，应当及时通报有关部门和单位，并可以根据情况发出预警。有关部门和单位应当根据通报做好安全防范、应对处置工作。

第四十八条　反恐怖主义工作领导机构、有关部门和单位、个人应当对履行反恐怖主义工作职责、义务过程中知悉的国家秘密、商业秘密和个人隐私予以保密。

违反规定泄露国家秘密、商业秘密和个人隐私的，依法追究法律责任。

第六章

反恐怖主义调查工作的开展

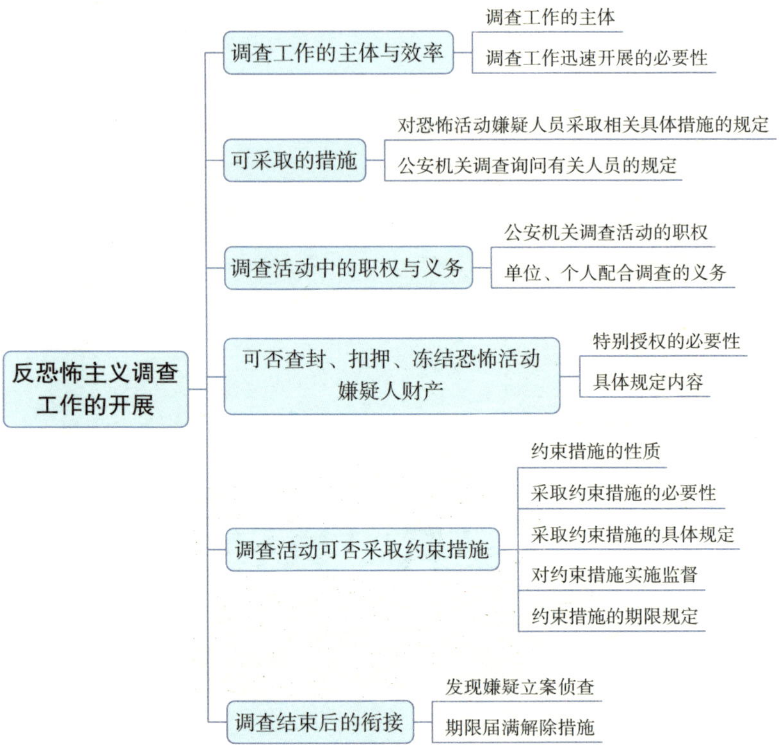
反恐怖主义调查工作的开展
调查工作的主体与效率
调查工作的主体
调查工作迅速开展的必要性
可采取的措施
对恐怖活动嫌疑人员采取相关具体措施的规定
公安机关调查询问有关人员的规定
调查活动中的职权与义务
公安机关调查活动的职权
单位、个人配合调查的义务
可否查封、扣押、冻结恐怖活动嫌疑人财产
特别授权的必要性
具体规定内容
调查活动可否采取约束措施
约束措施的性质
采取约束措施的必要性
采取约束措施的具体规定
对约束措施实施监督
约束措施的期限规定
调查结束后的衔接
发现嫌疑立案侦查
期限届满解除措施

一、调查工作的主体与效率

（一）调查工作的主体

根据反恐怖主义工作实践的需要，给予公安机关在刑事立案前的必要执法手段，进一步查清、核实恐怖活动的嫌疑，可以有效防范和惩治恐怖活动。根据《刑事诉讼法》的相关规定，公安机关或者人民检察院发现犯罪事实或者犯罪嫌疑人，应当按照管辖范围，采取相应措施。《刑事诉讼法》中规定的立案侦查需要达到法律规定的条件和标准，而公安机关接到的恐怖活动嫌疑报告或者发现的恐怖活动嫌疑，信息量大，往往是初步的线索，需要采取一定手段进一步调查核实。

因此，赋予公安机关在刑事立案之前采取调查恐怖活动嫌疑的手段，以进一步获取疑似恐怖活动的证据和事实，对于监控恐怖活动嫌疑人，预防和处置恐怖活动是必要的。同时，对恐怖活动嫌疑迅速开展调查，也是对公安机关履行职责的要求。

（二）调查工作迅速开展的必要性

通常恐怖分子实施恐怖活动之后，会快速逃离现场，随即隐匿，以逃避打击与制裁。因此，恐怖活动嫌疑的有关情报信息稍纵即逝，公安接到恐怖活动嫌疑的报告或者发现恐怖活动嫌疑，认为需要予以调查核实的，应当迅速开展调查工作，及时履行反恐怖主义工作职责，以免重要信息和证据灭失，造成严重后果。

二、可采取的措施

《反恐怖主义法》第五十条规定的盘问、检查、传唤，提取、采集人体生物识别信息和生物样本，以及询问了解情况的人员等调查措施在《中华人民共和国治安管理处罚法》(以下简称《治安管理处罚法》)《人民警察法》等法律中也有相关规定，不是专门针对恐怖活动嫌疑作出的新规定。该条对这些调查措施作了重申规定，增加了一些情形，强调“依照有关法律规定”进行上述调查措施，目的是搜集、固定证据，查清、查实恐怖活动案件事实，抓获恐怖活动嫌疑人。

（一）对恐怖活动嫌疑人员采取相关具体措施的规定

1. 对嫌疑人员进行盘问、检查或者传唤

盘问是指有关部门和人员为调查违法犯罪嫌疑人，对其进行盘查和询问的措施。《人民警察法》第九条对盘问作了规定，为维护社会治安秩序，公安机关的人民警察对有违法犯罪嫌疑的人员，经出示相应证件，可以当场盘问、检查；经盘问、检查，有下列情形之一的，可以将其带至公安机关，经该公安机关批准，对其继续盘问：(1)被指控有犯罪行为的；(2)有现场作案嫌疑的；(3)有作案嫌疑身份不明的；(4)携带的物品有可能是赃物的。检查，包括对场所、物品和人身的检查。检查是发现案件线索、获得原始证据，顺利、及时、准确查明恐怖活动案件事实，抓获恐怖活动嫌疑人员的重要保障。

需要注意的是，在采取盘问、检查和传唤时，应当按照《治安管理处罚法》《人民警察法》等有关法律规定的盘问、检查和传唤的程序、条件和时限等要求进行。

关于盘问。根据《人民警察法》第九条的有关规定，“对被盘问人的留置时间自带至公安机关之时起不超过二十四小时，在特殊情况下，经县级以上公安机关批准，可以延长至四十八小时，并应当留有盘问记录。对于批准继续盘问的，应当立即通知其家属或者其所在单位。……在前款规定的期间不能作出上述决定的，应当立即释放被盘问人”。

又如关于传唤。根据《治安管理处罚法》第八十三条的规定，“对违反治安管理行为人，公安机关传唤后应当及时询问查证，询问查证的时间不得超过八小时；情况复杂，依照本法规定可能适用行政拘留处罚的，询问查证的时间不得超过二十四小时。公安机关应当及时将传唤的原因和处所通知被传唤人家属”。

此外，对恐怖活动嫌疑进行盘问、检查和传唤，应当遵循相应的法定程序，按照要求出示有关证件等，对有关个人隐私予以保密，禁止任何基于地域、民族、宗教等理由的歧视性做法。

2. 提取或者采集肖像、指纹、虹膜图像等人体生物识别信息或者血液、尿液、脱落细胞等生物样本

《反恐怖主义法》第五十条规定了公安机关在调查恐怖活动嫌疑过程中可以采集、提取人体生物识别信息或者生物样本。

人体生物识别信息包括肖像、指纹、虹膜图像等能够识别人体生物特征的信息。虹膜是位于人眼表面黑色瞳孔和白色巩膜之间的网环状区域，虹膜图像是指虹膜在红外光下呈现出丰富的纹理信息，如斑点、条纹、细丝、冠状、隐窝等细节特征。虹膜图像具有唯一性、稳定性，虹膜识别技术是一项正被广泛应用的前沿生物识别技术。生物样本包括血液、尿液、脱落细胞、唾液、毛发、DNA 等。上述人体生物识别信息和生物样本，经化验、鉴定，可以与其他证据相互印证，形成证据链，有的可以直接作为证据使用，如指纹、虹膜图像和 DNA 等。上述措施可以确定嫌疑人的某些特征或者生理状态，及时提取与案件相关的证据，有效防范其进行恐怖活动。

需要注意的是，在提取和采集上述人体生物识别信息或者生物样本时，操作不当就可能会侵犯公民的合法权益，所以有关人员必须严格遵守相关法律规定，如执行主体只能是依法对案件行使调查或者侦查权的人或者经授权的医务人员，范围仅限于查明案件事实或者恐怖活动嫌疑人员某些生物特征的需要，不得随意提取或者采集。采集的标本应当妥善管理，按照规定使用和处理。

3. 留存签名

笔迹也是识别人体生物特征的一项重要方法，通过留存嫌疑人员签名，通过对笔迹的比对和鉴定，可以为侦破案件提供线索和证据，对恐怖嫌疑人进行识别，防范其实施恐怖活动。

（二）公安机关调查询问有关人员的规定

了解情况的人员提供的证言或者有关情况、线索等，是公安机关收集证据、查明案件事实或者获取新的恐怖活动线索的重要渠道。恐怖活动案件隐蔽性强，一些恐怖活动案件经过周密的策划、准备和实施，这种情况只有依靠了解恐怖活动有关情况的人员，向他们调查询问，才能及时发现、掌握恐怖活动案件的蛛丝马迹，以有效调查、防范和处置恐怖活动。同时，根据《反恐怖主义法》第九条的规定，任何单位和个人都有协助、配合有关部门开展反恐怖主义工作的义务，任何公民如果发现恐怖活动嫌疑或者恐怖活动嫌疑人员，应当及时向公安机关或者有关部门报告。因此，《反恐怖主义法》第五十一条规定了公安机关询问了解有关情况人员的职权，也是对了解有关情况人员接受询问的义务性规定。

三、调查活动中的职权与义务

公安机关反恐怖主义调查工作的顺利开展不但有赖于赋予公安机关合法的调查权利，还有赖于有关单位和人员的积极配合。

（一）公安机关调查活动的职权

公安机关负责调查恐怖活动案件，向有关单位和个人收集、调取相关信息和材料，是查明恐怖活动事实、发现恐怖活动嫌疑人员、收集和固定证据的必要手段。通过向有关单位和个人收集、调取相关信息和材料，公安机关可以获取证据，并可能在收集、调查过程中掌握其他恐怖活动嫌疑的线索和信息等，有效防范和惩治恐怖活动。

收集、调取“相关信息和材料”主要是指收集、调取与恐怖活动嫌疑有关的信息和材料，如收集、调取物证、书证、视听资料、电子数据等与恐怖活动相关的其他线索和情况，以及恐怖活动嫌疑人员的身份信息、财产信息、行踪信息等。《反恐怖主义法》第五十一条还规定了公安机关收集、调取相关信息和材料的职权，公安机关在行使该职权时还应当注意维护有关单位和个人的合法权益，依法开展收集、调取相关信息和材料工作。

（二）单位、个人配合调查的义务

单位和个人积极配合公安机关的调查工作也是坚持群众路线，专群结合原则在反恐怖主义调查工作中的体现。也就是说，有关单位和个人负有配合公安机关进行调查的义务。

例如，公安机关调查恐怖活动嫌疑人，需要土地房产管理部门提供嫌疑人房产信息的，需要村民委员会等提供嫌疑人身份、住址等信息的，或者需要向有关单位调取视频监控信息等的，有关部门、单位和个人应当积极配合，如实提供相关信息和材料，不得拖延、阻碍或者拒绝。对于不提供或者不如实提供相关信息和材料的，《反恐怖主义法》第八十二条规定了其应承担的法律责任。即对明知他人有恐怖活动犯罪、极端主义犯罪行为，窝藏、包庇，情节轻微，尚不构成犯罪的，或者在司法机关向其调查有关情况、收集有关证据时，拒绝提供的，由公安机关处十日以上十五日以下拘留，可以并处一万元以下罚款。对于构成刑法规定的窝藏、包庇罪、拒绝提供间谍犯罪、恐怖主义犯罪、极端主义犯罪证据罪的，依法追究刑事责任。

四、可否查封、扣押、冻结恐怖活动嫌疑人财产

（一）特别授权的必要性

查询、查封、扣押或者冻结公民财产，因为涉及公民的财

产权益，所以只有法律明确授权才能行使。考虑到恐怖活动案件的危害性、特殊性，以及防范、调查和惩治恐怖活动的特别需要，《反恐怖主义法》第五十二条明确规定了公安机关为调查恐怖活动嫌疑人，可以对其采取查询、查封、扣押、冻结等调查措施，这也是针对调查涉恐案件作出的特别授权规定。

赋予公安机关查询、查封、扣押、冻结等调查手段是查明证实恐怖活动案件、收集固定证据的需要，是发现新的犯罪线索、扩大侦查成果的需要，这一手段有利于防止证据转移、赃款转移，防止资金、财物被继续用于恐怖活动，消除恐怖活动的物质基础。

（二）具体规定内容

第一，公安机关调查恐怖活动嫌疑，经县级以上公安机关负责人批准，可以查询嫌疑人员的存款、汇款、债券、股票和基金份额等财产。

《反恐怖主义法》第五十二条所述“公安机关调查恐怖活动嫌疑，经县级以上公安机关负责人批准，可以查询嫌疑人员的存款、汇款、债券、股票、基金份额等财产”的规定，就是《中华人民共和国商业银行法》《中华人民共和国邮政法》规定的“法律另有规定”的情形。查询程序上需经县级以上公安机关负责人批准，这一规定较好地平衡了防范惩治恐怖活动与保护公民合法权益的需要。公安机关依法查询时应当依照有关规定向银行、证券登记结算机构、基金公司等出具必要的手续和文件。

第二，可以采取查封、扣押、冻结措施。采取查封、扣押、冻结同样需经县级以上公安机关负责人批准。

查封、扣押的场所、设施或者财物，冻结的资金，必须与恐怖活动嫌疑或者恐怖活动嫌疑人有关，对与恐怖活动嫌疑或者恐怖活动嫌疑人员无关的场所、设施、财物或者资金不得查封、扣押、冻结。嫌疑人的场所、设施、财物或者资金已被其他国家机关依法查封、扣押、冻结的，不得重复查封、扣押、冻结。

第三，查封、扣押、冻结的期限不得超过二个月，情况复杂的，可以经上一级公安机关负责人批准延长一个月。

需要注意的是，公安机关对于查封、冻结、扣押的财产应当依照规定妥善保管和处理，不得挪作他用。根据《反恐怖主义法》第九十五条的规定，查封、扣押、冻结、扣留、收缴的物品、资金等，经审查发现与恐怖主义无关的，应当及时解除有关措施，予以退还。对经核实属于他人合法财产的，应当登记后及时退还。根据《反恐怖主义法》第九十六条的规定，“有关单位和个人对依照本法作出的行政处罚和行政强制措施决定不服的，可以依法申请行政复议或者提起行政诉讼”。

五、调查活动可否采取约束措施

（一）约束措施的性质

《反恐怖主义法》第五十三条规定的约束措施是在刑事立案之前，对人采取的强制措施，在性质上属于行政强制措施，不属于刑事强制措施，也不属于行政处罚或者刑罚。

（二）采取约束措施的必要性

该条规定公安机关在调查恐怖活动嫌疑过程中，可以根据需要对嫌疑人采取约束措施，主要是考虑到恐怖活动犯罪的特殊性以及侦办恐怖活动案件的需要。

1. 查清、证明恐怖活动的需要

公安机关接收或者收集到的恐怖活动信息和线索是海量的，需要进一步筛查。《刑事诉讼法》规定的立案具有一定的标准和条件，立案后采取拘留等刑事强制措施也有一定的期限要求。调查恐怖活动嫌疑、查清恐怖活动事实需要一定的时间，甚至有的案件需要更长的时间，这类案件在短时间内难以查清恐怖活动事实或者确定恐怖活动犯罪嫌疑人，规定针对嫌疑人员的约束措施，赋予公安机关这一权力，有利于进一步查清案件事

实，搜集、固定证据。

2. 防止恐怖活动的需要

对于恐怖活动嫌疑或者恐怖活动嫌疑人员，查明恐怖活动事实，一时难以达到刑事立案侦查标准，但对这些存在涉恐隐患的嫌疑人员应当加强监控，防止漏管失控，查明恐怖活动一定证据后再采取刑事措施。

（三）采取约束措施的具体规定

1. 采取约束措施的程序与条件

公安机关调查恐怖活动嫌疑，采取约束措施的，须经县级以上公安机关负责人批准。这是在满足保障人权和调查恐怖活动的实践需要的基础上所做的法律安排。约束措施是针对特定人的，即在判断是否采取约束措施以及采取什么样的约束措施、采取几种约束措施时应当具体化、个别化的判断。

公安机关调查恐怖活动嫌疑人，并非必须对嫌疑人采取约束措施，而是应当根据嫌疑人的危险程度，决定是否对其采取约束措施。判断嫌疑人的“危险程度”主要应当综合考虑恐怖活动嫌疑人所涉嫌恐怖活动的事实、情节，嫌疑人是否因恐怖活动、极端主义违法犯罪受过处罚，嫌疑人是否受到极端主义蛊惑，以及嫌疑人是否有再次实施违法犯罪的可能性及可能性大小等确定。

在决定采取什么种类的约束措施、采取一项约束措施还是多项约束措施时，应当根据恐怖活动嫌疑人的具体情况，采取必需的、有针对性的措施。例如对可能与他人串通、勾结实施恐怖活动的，采取不得与特定的人员会见或者通信的约束措施，对存在非法越境参加“圣战”可能的嫌疑人员采取上交出入境证件、身份证件等约束措施，等等。

2. 采取约束措施的种类

（1）未经公安机关批准不得离开所居住的市、县或者指定的处所

“市、县”，是指直辖市、设区的市、不设区的市和县。在设区的同一市内跨区活动的，不属于离开所居住的市、县。“指定的处所”是公安机关根据调查恐怖活动的需要，对恐怖活动嫌疑人员采取指定处所的措施，处所包括两种类型：恐怖活动嫌疑人员在办案机关所在的市、县内学习或生活或工作的合法住所；对没有固定住处的，或者在住处可能妨碍调查恐怖活动的，由办案机关在办案机关所在的市、县内为恐怖活动嫌疑人员指定的居所。

法律规定不得离开所居住的市、县或者指定的处所，主要考虑到公安机关为调查恐怖活动，可能随时需要让嫌疑人接受调查、询问和核实证据，有些恐怖活动嫌疑人员具有危险性，离开所居住的市、县或者处所可能具有危险性。因此，为了保

障调查活动的正常进行，以及防范恐怖活动发生，《反恐怖主义法》第五十三条第一项规定嫌疑人员“未经公安机关批准不得离开所居住的市、县或者指定的处所”是必要的。对于有正当理由，需要离开所居住的市、县或者处所的嫌疑人员，应当经公安机关批准。

（2）不得参加大型群众性活动或者从事特定的活动

根据《大型群众性活动安全管理条例》第二条的规定，“大型群众性活动”是指法人或者其他组织面向社会公众举办的每场次预计参加人数达到1000人以上的各种群众活动，包括体育比赛活动，演唱会、音乐会等文艺演出活动，展览、展销等活动，游园、灯会、庙会、花会、焰火晚会等活动，以及人才招聘会、现场开奖的彩票销售等活动。《反恐怖主义法》第五十三条第二项规定恐怖活动嫌疑人员不得参加大型群众性活动，是考虑到举办大型群众性活动的特点，这类活动往往在一定时间和有限空间内积聚大量人员，物资汇聚，现场情况复杂，管理难度大，容易成为恐怖活动嫌疑人员的作案目标，造成重大伤亡。

因此，第五十三条第二项对嫌疑人员不得参加大型群众性活动作了专门明确规定。同时还规定了不得从事特定的活动，这里的“特定的活动”应当是与所调查案件有所牵涉或者与恐怖活动有关联的恐怖活动，但不得随意设定。具体还需要公安机关根据恐怖活动嫌疑人员的情况，以及可能涉及的案件的情况，结合调查需要确定。作出这一规定的目的在于及时查清犯罪嫌疑，防患于未然。

（3）未经公安机关批准不得乘坐公共交通工具或者进入特定的场所

“公共交通工具”是指火车、轮船、长途客运汽车、公共电车、汽车、民用航空器等。“特定的场所”需要根据恐怖活动嫌疑以及嫌疑人员的情况具体确定。不得进入的场所应当与防范恐怖活动的需要相关联，包括容易成为作案目标的场所，如影剧院、音乐厅、公园、商场、娱乐场所等，或者是与正在调查的恐怖活动嫌疑有关的场所，防止毁坏现场、毁灭证据等。有正当理由或者合理需求，需要乘坐公共交通工具或者进入特定场所的，应当经公安机关批准。

（4）不得与特定的人员会见或者通信

特定的人员包括与所调查的恐怖活动嫌疑可能有牵连的同案人员，也包括可能受到恐怖活动袭击的人员等。这里规定的“通信”是广义的，包括利用信件、电话、传真、手机短信，以及电子邮件、微信等互联网通信工具进行的沟通和交流。

（5）定期向公安机关报告活动情况

这样规定主要是为了更好地掌握恐怖活动嫌疑人员的情况，加强对其监督，防范其可能参与恐怖活动，及时获得有关恐怖活动嫌疑的线索和信息，更好地教育、管理恐怖活动嫌疑人员。被采取该项约束措施的人员应当按照公安机关的要求，定期向公安机关报告工作、生活、学习、参加社会活动等情况，不得隐瞒。

（6）将护照等出入境证件、身份证件、驾驶证件等交公安机关保存

随着经济社会的发展，交通日益发达，人员流动日益频繁，人们的活动范围和交往领域日益扩大，恐怖活动嫌疑人员逃脱调查的手段和工具增多。随着国际恐怖主义和宗教极端势力的渗透、影响和蛊惑，一些恐怖主义、极端主义犯罪分子进行迁移“圣战”，出境参加恐怖活动组织、实施恐怖活动，或者接受恐怖活动培训，有的甚至在国外接受训练后“回流”国内实施恐怖活动。

在这些情况下，除《反恐怖主义法》第五十三条第一项规定的不得离开所居住的市、县或者指定的处所外，还有必要采取一定措施限制其出入境，有效保障调查活动顺利进行以及防范恐怖主义活动。第五十三条第六项规定正是出于上述考虑。这里规定的出入境证件是指出入（中）国（边）境需要的证件，包括护照、海员证、签证等能够证明其身份以及允许进出中国的证件，港澳通行证、台胞证等允许进入内地（大陆）的证件。身份证件主要是指居民身份证等证件。驾驶证件是指交通管理部门颁发的允许驾驶机动车、船舶等证件。

（四）对约束措施实施监督

第五十三条第二款的规定是为了保证约束措施得到有效遵

守和执行。当前经济社会快速发展，包括通信和网络技术等在内的科学技术日新月异。这些进步和发展像一把“双刃剑”，一方面，给约束嫌疑人带来困难和挑战；另一方面，也为更有效地监督嫌疑人遵守约束措施带来了便利。比如，为了更好地保证犯罪嫌疑人、犯罪分子在侦查期间和刑罚执行期间遵守有关规定，国外一些国家制定法律，采用了电子手铐进行电子定位等监控方式。我国在试行社区矫正的过程中，有的地方也尝试了电子定位的监控方式积累了一定经验。

第五十三条第二款在总结实践经验的基础上，规定了电子监控、不定期检查等方式监督嫌疑人员遵守约束措施。根据《反恐怖主义法》第八十九条的规定，对采用电子监控、不定期检查等方式发现的违反公安机关约束措施的恐怖活动嫌疑人员，由公安机关给予警告，并责令改正；拒不改正的，处五日以上十五日以下拘留。

（五）约束措施的期限规定

采取约束措施，以及采取电子监控、不定期检查等方式对恐怖活动嫌疑人员遵守约束措施的情况进行监督，期限不得超过三个月。规定约束措施的期限是为了更好地保护公民的合法权益，平衡反恐怖主义斗争与保障人权的关系，促使公安机关及时查清恐怖活动嫌疑。对采取约束措施三个月期限届满，公安机关未立案调查的，应当解除约束措施；对在采取约束措施过程中排除恐怖活动嫌疑，或者发现嫌疑人员危险程度变小或者消失不需要继续采取约束措施的，应当及时解除约束措施，不得拖延到三个月以后再解除。

六、调查结束后的衔接

为惩治恐怖活动，根据反恐怖主义工作的实际需要，《反恐怖主义法》赋予了公安机关在调查恐怖活动嫌疑时的一些必要职权，如查封、扣押、冻结嫌疑人员财产，对嫌疑人员采取约束措施等。为进一步规范公安机关的执法行为，同时也为与刑事诉讼法等法律做好衔接，及时有效地惩处恐怖活动犯罪行为，《反恐怖主义法》第五十三条对公安机关依照该法进行的恐怖活动嫌疑调查程序结束后，应当如何处理作出了明确规定。

（一）发现嫌疑立案侦查

公安机关经调查发现犯罪事实或者犯罪嫌疑人的，应当依照《刑事诉讼法》的具体规定立案侦查。

根据《反恐怖主义法》第五章的相关规定，公安机关接到恐怖活动嫌疑的报告或者发现恐怖活动嫌疑，应当迅速进行调查，以确认是否有恐怖活动发生，并收集、固定相关证据。根据调查的结果，如果有违反该法规定的行为，尚不构成犯罪的，依照该法和《治安管理处罚法》的规定予以拘留；如果公安机关经调查发现恐怖活动犯罪事实或者犯罪嫌疑人，需要依法追究刑事责任的，应当依照《刑事诉讼法》的规定立案侦查。

（二）期限届满解除措施

依法采取有关措施期限届满，未立案侦查的，应当解除有关措施。《反恐怖主义法》第五十二条、第五十三条分别就恐怖活动嫌疑调查中对嫌疑人员的财产和人身采取的措施作了规定。其中，第五十二条规定，公安机关经县级以上公安机关负责人批准，可以对嫌疑人员的财产采取查封、扣押、冻结等措施，期限不得超过二个月，情况复杂的，可以延长一个月。第五十三条规定，公安机关经县级以上公安机关负责人批准，可以根据其危险程度，责令恐怖活动嫌疑人员遵守约束性措施：不得离开指定处所；不得从事特定活动或者进入特定场所；不得与特定人员会见或者通信；定期报告活动情况；将护照等出入境证件、身份证件、驾驶证件交公安机关保存等等。采取以上约束性措施的期限不得超过三个月。

上述措施为保障公安机关调查恐怖活动嫌疑而设立，公安机关在调查活动中应当规范执法行为，严格遵守有关程序和期限的要求，在调查结束或者有关强制措施期限届满时，予以刑事立案或者解除强制措施，依法惩处恐怖活动的同时避免对当事人造成不应有的财产损失和权利侵害。

需要指出的是，公安机关在采取这些措施的同时，应当紧锣密鼓地推进有关调查，并根据调查的进展情况及时作出相应处理，如：对需要追究刑事责任的，应及时立案侦查；对需要给予治安管理处罚的，及时作出处罚；对没有发现犯罪事实或者排除犯罪嫌疑的，应及时解除有关措施，不要拖至期限届满时，对此《反恐怖主义法》第九十五条明确规定，对依照该法规定查封、扣押、冻结、扣留、收缴的物品、资金等，经审查发现与恐怖主义无关的，应当及时解除有关措施，予以退还。

相关法条

《反恐怖主义法》

第四十九条　公安机关接到恐怖活动嫌疑的报告或者发现恐怖活动嫌疑，需要调查核实的，应当迅速进行调查。

第五十条　公安机关调查恐怖活动嫌疑，可以依照有关法律规定对嫌疑人员进行盘问、检查、传唤，可以提取或者采集肖像、指纹、虹膜图像等人体生物识别信息和血液、尿液、脱落细胞等生物样本，并留存其签名。

公安机关调查恐怖活动嫌疑，可以通知了解有关情况的人员到公安机关或者其他地点接受询问。

第五十一条　公安机关调查恐怖活动嫌疑，有权向有关单位和个人收集、调取相关信息和材料。有关单位和个人应当如实提供。

第五十二条　公安机关调查恐怖活动嫌疑，经县级以上公安机关负责人批准，可以查询嫌疑人员的存款、汇款、债券、股票、基金份额等财产，可以采取查封、扣押、冻结措施。查封、扣押、冻结的期限不得超过二个月，情况复杂的，可以经上一级公安机关负责人批准延长一个月。

第五十三条　公安机关调查恐怖活动嫌疑，经县级以上公安机关负责人批准，可以根据其危险程度，责令恐怖活动嫌疑人员遵守下列一项或者多项约束措施：

（一）未经公安机关批准不得离开所居住的市、县或者指定的处所；

（二）不得参加大型群众性活动或者从事特定的活动；

（三）未经公安机关批准不得乘坐公共交通工具或者进入特定的场所；

（四）不得与特定的人员会见或者通信；

（五）定期向公安机关报告活动情况；

（六）将护照等出入境证件、身份证件、驾驶证件交公安机关保存。

公安机关可以采取电子监控、不定期检查等方式对其遵守约束措施的情况进行监督。

采取前两款规定的约束措施的期限不得超过三个月。对不需要继续采取约束措施的，应当及时解除。

第五十四条　公安机关经调查，发现犯罪事实或者犯罪嫌疑人的，应当依照刑事诉讼法的规定立案侦查。本章规定的有关期限届满，公安机关未立案侦查的，应当解除有关措施。

第七章

恐怖事件的应对处置工作

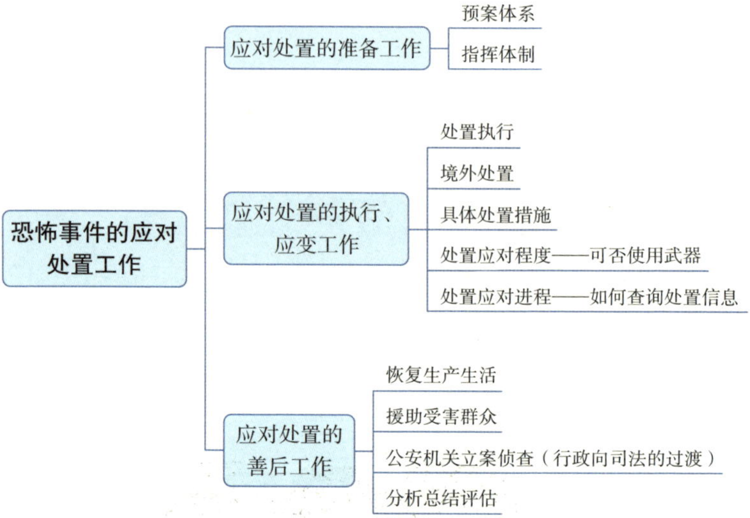
恐怖事件的应对处置工作
应对处置的准备工作
预案体系
指挥体制
应对处置的执行、应变工作
处置执行
境外处置
具体处置措施
处置应对程度——可否使用武器
处置应对进程——如何查询处置信息
应对处置的善后工作
恢复生产生活
援助受害群众
公安机关立案侦查（行政向司法的过渡）
分析总结评估

一、应对处置的准备工作

（一）预案体系

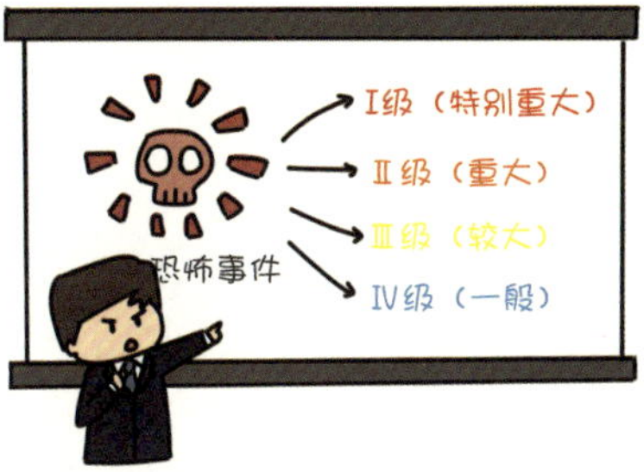

1. 构建处置预案体系的必要性

恐怖事件会导致重大人员伤亡及财产损失等严重后果，造成社会恐慌，影响群众正常生产和生活秩序，危及公共安全和国家安全，破坏民族团结，具有极大的社会危害性。针对目前我国境内恐怖活动的具体情况，《反恐怖主义法》确定了“防范为主、惩防结合和先发制敌、保持主动”的反恐怖主义工作原则，并在这一原则的指导下进一步完善了针对恐怖事件的应对处置制度。制订科学、有效、合理的恐怖事件应对处置预案，预防恐怖事件的发生，及时、有效地处置恐怖事件，打击恐怖活动犯罪行为，将恐怖事件的危害降至最低限度是应对恐怖事件的客观需要。

《中华人民共和国突发事件应对法》（以下简称《突发事件应对法》）针对自然灾害、事故灾难、公共卫生事件和社会安全事件等几类突发事件，确定了国家建立健全突发事件应急预案体系的总体原则，在这一原则的指导下，国家和各部门、各地方已经着手建立包括处置大规模恐怖袭击事件应急预案在内的预案制度，为进一步完善恐怖事件应对处置预案体系积累了经验。从各国反恐怖主义实践情况看，完备、高效的预案体系是有效预防、处置和打击恐怖活动的重要保障。

2. 预案体系的适用范围

从适用范围看，《反恐怖主义法》第五十五条规定的预案及预案体系针对的是“恐怖事件”。根据该法第三条的规定，恐怖事件是指“正在发生或者已经发生的造成或者可能造成重大社会危害的恐怖活动”。实践中，只要恐怖活动刚刚发生或者即将发生，并且具有现实的或者可预见的重大危害，就应立即启动恐怖事件应对处置预案，如反恐怖主义工作领导机构获悉有关组织和人员正组织、策划、准备实施、实施恐怖活动就应启动预案。依据该条规定，恐怖事件应对处置预案体系的建立总体上以分级、分类为原则，国家制定应对恐怖事件的总体预案和各类专项预案，部委和地方根据国家预案确定的框架和原则，并结合各自主管领域和地区的不同特点，制定相应预案，直至形成覆盖各层级、各领域、各地方的完整的恐怖事件应对处置预案体系。此外，《反恐怖主义法》第三十二条还对重点目标的管理单位应制定防范和应对处置恐怖活动的预案、措施专门作出了规定。

3. 处置预案体系的具体内容

（1）制定主体

国家恐怖事件应对处置预案由国家反恐怖主义工作领导机构制定。国家反恐怖主义工作领导机构统一领导和指挥包括恐怖事件应对处置工作在内的全国反恐怖主义工作。国家恐怖事件应对处置预案在预案体系中处于最高地位，其确定的工作制度和原则对各部门、各地方制定预案具有指导和规范意义。

（2）制定原则

国家反恐怖主义工作领导机构应当根据恐怖事件发生的规律、特点和可能造成的社会危害，分级、分类制定处置预案。根据《国家突发公共事件总体应急预案》的相关规定，以及一些地方制定处置大规模恐怖袭击事件应急预案的经验，按照恐怖事件的性质、严重程度、可控性和影响范围等因素，可以将恐怖事件分为四级，即Ⅰ级（特别重大）、Ⅱ级（重大）、Ⅲ级（较大）和Ⅳ级（一般），依次用红色、橙色、黄色和蓝色表示。应对不同等级的恐怖事件应启用对应预案，采取不同程度的应对措施。

国家反恐怖主义工作领导机构应当根据上述恐怖事件的不同特点和应对措施分别制定相应的处置预案，增强预案的针对性和可操作性。

（3）制定内容

预案应当对恐怖事件应对处置的组织指挥体系、恐怖事件安全防范、应对处置程序以及事后社会秩序恢复等内容作出规定。其中，“组织指挥体系”包括参加应对处置恐怖事件的各级机构的设置和职责。国家、各部委和地方应成立处置恐怖事件的领导指挥机构，由参与处置的公安、民政、司法、交通运输、安全生产监督、军队、武警等部门和力量组成，领导指挥机构负责组织协调反恐怖力量和资源，统一组织、指挥处置恐怖袭击事件，以及评估、修改处置恐怖事件应急预案等事项。指挥机构可下设办事机构，负责指挥机构的具体工作，如统一掌握恐怖事件的情报信息，向上级机构报告处置情况，接受、发布命令，协调各参加单位开展应对处置工作等。如发生重大恐怖事件，领导指挥机构可以根据需要在事发地设立现场指挥机构，具体负责事发现场的应急处置工作，掌握和控制事件发展态势。

（二）指挥体制

恐怖事件的应对往往由多个层级、多个区域、多个部门共同参与，为了更好地协调各部门之间的工作，充分发挥各相关部门在恐怖事件应对中的作用，快速反应，高效、妥善地开展各项处置工作，防止因工作中的相互扯皮导致恐怖事件损害扩大，最大限度地避免和减少人员伤亡，减少财产损失，减轻社会影响，需要建立统一的反恐怖主义工作领导机构，对恐怖事件的处置进行统一有效的领导、指挥及协调。

因此，《反恐怖主义法》明确规定在处置恐怖事件时，实行指挥长负责制，由指挥长负责的专门机构组织协调应对处置工作。

1. 指挥负责制

根据《反恐怖主义法》以及恐怖事件应对处置预案的要求，一旦发生恐怖袭击，各级反恐怖主义工作领导机构应当立即启动应对处置预案，成立应对处置恐怖事件的指挥机构，由指挥

机构统一负责决定采取处置恐怖事件的重大措施；确定对外宣传口径，指导对外新闻发布；必要时依照有关法律规定和程序协调军队和武警参与处置等各项工作。指挥机构由参与恐怖事件应对的有关部门组成，包括宣传部、政法委等机关，公安、工业和信息化、民政、司法、国土资源、住房和城乡规划建设、交通运输、水利、农业、卫生、外事、环境保护、安全生产监督管理、海关、出入境检验检疫等政府部门，以及中国人民解放军和武装警察部队等反恐怖主义力量。

《反恐怖主义法》第五十六条第一款规定了恐怖事件应对处置实行指挥长负责制，同时对指挥长人选的确定作出明确规定：一是由各级反恐怖主义工作领导机构负责人担任指挥机构指挥长，二是反恐怖主义工作领导机构根据恐怖事件的危害程度和不同性质，可以确定由公安机关负责人、反恐怖主义工作领导机构的其他成员单位负责人担任指挥长。指挥长确定后，实行指挥长负责制，即指挥长对应对处置过程的重大事项行使决策权，并对指挥机构的各项决定承担行政和法律责任。

2. 跨地区指挥权的规定

恐怖事件的应对在原则上实行分类管理、分级负责、条块结合、属地为主的管理体制。当出现跨行政区域的恐怖事件或者特别重大恐怖事件时，恐怖事件发生地的反恐怖主义工作领导机构受到行政管理范围等因素限制，可能无法有效、迅速地整合力量，调动资源实行统一指挥予以应对。为及时、有效地应对和处置恐怖事件，防止造成更大的危害，《反恐怖主义法》第五十六条第二款针对恐怖事件发生的地域范围和危害程度，在法律上明确了应对处置指挥权的行使原则。

（1）从地域范围看，跨省、自治区、直辖市发生的恐怖事件由国家反恐怖主义工作领导机构负责指挥；在省、自治区、直辖市范围内发生的涉及多个行政区域的恐怖事件或者重大恐怖事件时，由省级反恐怖主义工作领导机构负责指挥。

（2）从恐怖事件性质看，特别重大恐怖事件由国家反恐怖主义工作领导机构负责指挥；重大恐怖事件由省级反恐怖主义工作领导机构指挥。

二、应对处置的执行、应变工作

（一）处置执行

1. 处置执行的筹备工作

当冲突事件被确定为恐怖事件后，有关反恐怖主义工作领导机构应当立即启动恐怖事件应对处置预案，并在第一时间组织各方面力量，依法及时采取应急处置措施，开展救援，避免事态恶化，降低事件对人民群众生命财产造成的伤害。

接到恐怖事件发生的报告后，各级反恐怖主义工作领导机构应当立即反应启动应急预案，成立指挥机构，确定指挥长。公安、民政、卫生、武警等各部门、武装力量都有责任，按照反恐怖主义工作领导机构和指挥长的统一领导、指挥部署，参加应对处置的工作。

2. 处置执行的具体事项

（1）及时判明事件的性质和危害程度。指挥机构要迅速对事件现场进行实时监控、追踪，并向上级报告事态发展变化情况。对于核辐射、生物、化学恐怖袭击事件还要迅速组织相关部门和军队、武警的专门检验、鉴定力量和相关专家，深入研究，判明事件的性质和危害程度，及时采取相应的处置措施。

（2）视情况对现场进行管制。指挥机构可以根据事件的性质、危害程度和法律规定，决定采取封锁现场和周边道路，查验现场人员的身份证件，在有关场所附近设置临时警戒线，对交通运输工具进行检查等措施，对现场实施管制，防止事态及其损失进一步扩大。

（3）迅速开展现场处置和救援工作。相关部门应当依照职责分工，立即组织力量开展各项工作，如抢救伤员，疏散人群，安置群众，封锁和隔离相关区域，排除爆炸装置、辐射源等，控制核辐射、疫情、毒情扩散，及时组织实施现场勘查、人质谈判、解救等工作。

（4）全力维护事发地的社会治安稳定。指挥机构应根据恐怖袭击事件的具体情况，组织力量依法采取各种预防紧急措施，如关闭、封闭涵洞、水源地、重要水利工程、桥梁、车站、邮局等场所，必要时停止供电、供水、供热、供气、供油、切断通风系统；加强对通信枢纽的管制，加强对重点人员、场所、部位、设施和标志性建筑物的安全保护；加大检查、巡逻、控制力度；严格出入境管理与控制；严密防范和严厉打击趁机抢劫、盗窃、制造恐怖气氛、煽动骚乱等犯罪活动，全力维护事件发生地及其周边地区社会稳定。

（5）缜密侦查，严惩恐怖分子。指挥机构应当领导相关部门立即对恐怖袭击事件开展全面地侦查和调查工作，及时收集证据，查清事实，依法严厉惩处制造事件的恐怖分子。根据工作需要，指挥机构可利用各种媒体公布案情和举报专线，发动群众参加打击和防范恐怖犯罪活动。

（6）统一报道口径，正确引导舆论。指挥机构应尽快拟定对外报道口径和报道意见，组织协调宣传报道工作，及时、准确地向公众报道事件真相。同时，要有针对性地进行宣传教育，动员各部门、各单位和广大群众积极开展自救、互救、群防群治，尽快消除恐怖袭击造成的心理恐慌，恢复正常社会秩序。在恐怖犯罪案件被侦破后，要及时予以报道，澄清事实真相。

（7）确认处置完成。在现场处置完毕后，指挥机构应组织有关部门、单位和专家进行分析评估，在确认事件得到有效控制，危害基本消除，善后工作已经展开后，就可以判定应急处置结束，并向上级指挥机构提出终止处置行动的建议。

（二）境外处置

随着我国综合国力的提升和对外交流的频繁，中国企业和公民“走出去”的数量不断增长。与此同时，境外恐怖袭击事件呈多发、频发态势。防范和惩治恐怖活动，加强对我国海外利益的保护，维护国家安全、公共安全和人民生命安全，是国家在反恐怖主义工作领域的根本任务。国家及其职能部门有义务依法对在境外遭受恐怖袭击的我国机构和人员提供保护和援助。

一方面，我国境外的机构、人员、重要设施在所在国遭受或者可能遭受恐怖袭击是启动境外恐怖袭击紧急预案的前提；另一方面，相关部门采取处置措施需要国外政府提供协助时，应统一由国务院外交部门提出请求。

1. 启动预案的规定

根据《反恐怖主义法》第五十九条的规定，启动境外恐怖袭击应急预案的前提是我国境外的机构、人员、重要设施在所在国遭受或者可能遭受恐怖袭击。这里并不要求实际已经遭受恐怖袭击，只要有情报证明具有发生恐怖袭击事件的可能性，我国国家利益和公民权益可能受到侵害，国内相关部门就应及时启动应急预案予以处置。

各相关部门应各司其职，保障应对处置工作的顺利开展。例如，外交部应迅速与事发地国家相关机构确认是否有中国公民伤亡及具体情况；我国驻外使领馆负责指导境外中资企业机构开展具体处置工作，提供必要领事保护，及时与驻在国政府主管部门交涉，要求保护我国境外中资企业机构和人员的安全；向境内外机构和人员发布事件准确信息等。公安、国家安全等部门应收集、研判有关情报信息，确认是否涉嫌恐怖主义犯罪，根据《反恐怖主义法》第十一条的规定：对在中华人民共和国领域外对中华人民共和国国家、公民或者机构实施的恐怖活动犯罪，或者实施的中华人民共和国缔结、参加的国际条约所规定的恐怖活动犯罪，中华人民共和国行使刑事管辖权，依法追究刑事责任。

商务、国有资产管理等部门应迅速对我国在境外企业和人员的伤亡、损失情况进行统计、评估，必要时对境外企业的应急处置工作予以指导等。交通、旅游等部门可为境外机构和个人提供出行建议，必要时安排专门交通工具接回滞留在外的中国公民。金融部门为各相关部门的处置工作提供金融支持，冻结与恐怖活动或者恐怖活动组织相关的资金，为受损企业提供快速保险理赔等便利。相关部门采取应对处置措施需要国外政府提供协作时，应统一由国务院外交部门对外提出请求，外交部门应当采取有效措施，协调有关国家采取相应措施，对我国在其境内的公民和重要设施提供有效救援和保护。

2. 国内部门出境开展处置工作

我国国内有关部门赴境外开展应对处置工作，需要具备以下条件：

第一，我国在境外的机构或者人员遭遇严重恐怖袭击。在境外实际发生了严重恐怖袭击事件，且与我国在境外的机构和人员直接相关，严重损害我国国家和公民利益时，应考虑派出国内部门赴境外开展应对处置工作。

第二，须与有关国家协商，并取得其同意。对恐怖事件的应对处置涉及发生地所在国的主权，因此，在派员出境前必须与事件发生地所在国协商，取得其同意后才能成行。在符合上述条件时，国家反恐怖主义工作领导机构可以组织外交、公安、国家安全等部门派出工作人员赴境外开展应对处置工作，如确认我国公民、企业受到损害的具体情况，则需对恐怖事件的相关情况展开调查，启动对受困人员的救援，协助相关机构和人员撤离等。

3. 优先保护人身安全

恐怖事件具有严重的暴力性，对他人的生命、健康等人身权利构成巨大威胁。最大限度地减少恐怖事件造成的人员伤亡，

是应对处置工作的重要任务。

第一，从行为主体看，包括各级恐怖事件应对处置领导机构，在其制订处置预案，作出相关决策时，应将保护在现场受到恐怖活动直接伤害和威胁人员的人身安全作为首要考虑因素。同时还应考虑在现场参与处置、救援的工作人员的人身安全，如到达现场后首先抢救受伤人员，采取措施防止人员伤亡后果的进一步扩大；及时、有效地组织实施现场勘查、人质谈判、解救工作等。

第二，保护对象为直接受到恐怖活动危害、威胁的人员。如在恐怖袭击中受伤的群众，被恐怖分子劫持的人质等。

第三，人身安全保护优先。这是相对于财产安全等其他方面的安全而言的，恐怖事件的处置现场，时间紧迫，情势危急，更应当以保护直接受到恐怖活动危害、威胁人员的人身安全为当务之急。

（三）具体处置措施

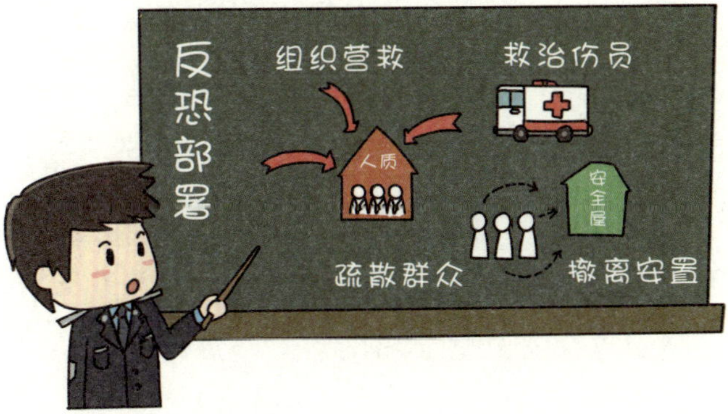

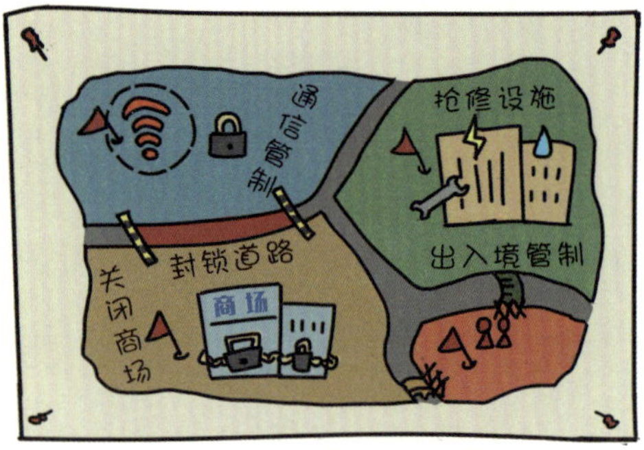

反恐志愿队

恐怖事件一旦发生，反恐怖主义领导机构就应当依照预案及时进行处置，开展打击、控制、救援、救护等多方面的应对处置工作，并根据恐怖事件的性质、特点和危害程度等，有针对性地决定采取有效的应对处置措施，以减少恐怖事件对社会造成的不良影响，尽量避免重大人员伤亡和财产损失。

恐怖事件发生后的应对方式主要有以下几点：

（1）组织营救和救治受害人员，疏散、撤离并妥善安置受到威胁的人员以及采取其他救助措施。

（2）封锁现场和周边道路，查验现场人员的身份证件，在有关场所附近设置临时警戒线。

（3）在特定区域内实施空域、海（水）域管制，对特定区域内的交通运输工具进行检查。

（4）在特定区域内实施互联网、无线电、通信管制。

（5）在特定区域内或者针对特定人员实施出境入境管制。

（6）禁止或者限制使用有关设备、设施，关闭或者限制使用有关场所，中止人员密集的活动或者可能导致危害扩大的生产经营活动。

（7）抢修被损坏的交通、电信、互联网、广播电视、供水、排水、供电、供气、供热等公共设施。

（8）组织志愿人员参加反恐怖主义救援工作，要求具有特定专长的人员提供服务。

（9）其他必要的应对处置措施。这是关于处置恐怖事件过程中可以采取措施的兜底性条款。也即在处置恐怖事件过程中，可以根据具体情况采取上述措施以外的措施，以便尽快妥善处置好恐怖事件。

（四）处置应对程度——可否使用武器

1. 使用武器的必要性

恐怖事件处置过程中，处置人员可否使用武器，直接关系到对恐怖活动人员本身的处置。恐怖主义以追求造成平民的重大伤亡的方式来扩大自身影响力、引起社会恐慌，因此往往在恐怖活动中采取残忍的手段。恐怖事件处置中，如果处置人员对于穷凶极恶的恐怖分子的处置不能当机立断，快速、准确地处置恐怖分子，则可能使公众的生命安全和公共安全遭受严重损失。

总之，允许恐怖事件处置人员在处置恐怖事件过程中使用武器，可以对恐怖分子形成有力威慑，既有利于恐怖袭击事件的预防，也有利于在处置恐怖事件的过程中有效保护民众的生命安全和社会公共安全。当然，并不是所有的恐怖事件处置都需要使用武器，使用武器是否符合法律规定有赖于相关人员依照法律并在处置现场作出准确的判断。

2. 使用武器的主体、对象和程序

（1）依法使用武器的主体，包括人民警察、人民武装警察和其他依法配备、携带武器的应对处置人员。

（2）依法使用武器的对象，即在现场持枪支、刀具等凶器或者使用其他危险方法，正在或者准备实施暴力行为的人员。

（3）依法使用武器的程序。根据《反恐怖主义法》第六十二条的规定，一般情况下，处置人员应在使用武器前对恐怖活动人员进行警告，如口头警告、鸣枪示警等。如果发出警告后实施或者准备实施暴力行为的人员停止了不法行为，则不必使用武器。如果警告无效，即实施或者准备实施暴力行为的

人员在被警告后仍然不停止其不法行为的，可以使用武器。恐怖事件的现场情况复杂，有时候暴恐分子已经实施或者即将实施造成人员伤亡的暴力行为，处置人员却没有发出警告的时间。有时候暴恐分子丧心病狂，或者挟持人质，如果发出警告反而可能导致人质伤亡等更为严重的危害后果。这种情况下，还要求应对处置人员在使用武器前要进行警告是不合适的。针对这种情况，《反恐怖主义法》第六十二条规定，紧急情况下或者警告后可能导致更为严重危害后果的，可以直接使用武器。

（五）处置应对进程——如何查询处置信息

1. 恐怖信息管理的重要性

恐怖事件发生后，关于恐怖事件的相关信息以及具体处置过程民众有知晓的权利。将恐怖事件的处置信息予以通报，既是民众知情权的保障，又有利于消除由恐怖事件带来的社会恐慌，重塑民众获得安宁生活的信心，还可以使得恐怖事件处置机构进一步获得民众的信任。

但是，如果所传播的恐怖事件及其处置信息是虚假的、不实的，不仅难以达到上述效果，反而会加剧社会恐慌以及民众对恐怖事件处置的不信任。所以对信息的发布应该作出明确细致的规定。

2. 有关恐怖信息的发布主体

一方面，有关恐怖事件的信息，由负责的省级反恐怖主义工作领导机构“统一”发布，其他任何单位和个人不得擅自发布有关恐怖事件的信息，以免出现信息混乱、口径不一的情况，使社会公众无所适从。

另一方面，负责的省级反恐怖主义工作领导机构应当依照《反恐怖主义法》《突发事件应对法》《政府信息公开条例》等法律法规的有关规定，及时准确地发布有关恐怖事件的信息，以保障公众的知情权，澄清误解，驳斥谣言。

3. 发布有关恐怖信息的禁止性规定

（1）不得编造、传播虚假恐怖事件信息。“虚假恐怖事件信息”包括并未发生的恐怖事件信息和对已发生的恐怖事件有关信息进行篡改后发布的信息。编造虚假恐怖信息和明知是虚假恐怖信息而传播的行为，对社会稳定造成严重危害，应当被禁止。

（2）不得报道、传播可能引起模仿的恐怖活动的实施细节。恐怖活动的实施细节如果不加限制地传播，可能会产生效尤者，造成新的危害。

（3）不得发布恐怖事件中残忍、有违人道主义精神的场景。恐怖事件发生的场景往往残忍甚至血腥，如果任意传播、扩散，可能造成社会公众恐慌情绪的蔓延，加剧受害者及其亲属心理的创伤，达到了恐怖活动组织和人员制造社会恐慌的目的。

（4）在恐怖事件的应对处置过程中，除新闻媒体经负责发布信息的反恐怖主义工作领导机构批准外，不得报道、传播现场应对处置的工作人员、人质身份信息和应对处置行动情况。恐怖事件应对处置过程中，如果新闻媒体或者自媒体对现场应对处置的工作人员、人质身份信息和应对处置行动情况作出不当报道，可能导致恐怖分子获取有关信息，给应对处置行动的顺利进行造成严重妨碍，并对人质和应对处置人员及其家庭的安全带来极大威胁。为保障应对处置行动的顺利进行，非经批准的单位和个人在应对处置工作完成前不得报道、传播上述信息。

三、应对处置的善后工作

（一）恢复生产生活

恐怖事件往往造成人员伤亡、财产损失，社会秩序被破坏，对受波及的单位和个人的生活、生产造成严重影响，还在受害

地区遗留恐慌情绪，对公众的精神造成冲击和损害。

恐怖事件处置工作结束之后的后续工作，是应对处置工作的重要组成部分，对于巩固应急处置成果，减轻损害，尽快恢复民众正常生活、生产和社会秩序，逐次降低恐怖事件给社会带来的动荡以及给民众带来的冲击具有重要的意义。

各级人民政府组织有关部门开展恢复重建工作，主要包括两方面内容：一是帮助受恐怖事件影响的单位和个人尽快恢复生活、生产。二是稳定受影响地区的社会秩序和安抚公众情绪。恐怖事件造成的物质损害容易弥补，而其所带来的社会恐慌却难以立刻消除。这也是恐怖分子实施恐怖活动所希望达到的效果。因此，消除恐怖事件带给社会和个人心理上的影响是一项长期的工作。

（二）援助受害群众

恐怖事件的破坏性难免给民众的人身、财产等利益造成损害，有时可能伴有严重的人员伤亡和重大财产损失。国家反恐

怖主义的各项工作的根本目的在于维护人民的生命财产安全，维护社会的稳定，因此，当民众个人的人身、财产在恐怖事件中受到损害时，国家应当给予积极的救助。

恐怖事件发生地人民政府在救助恐怖事件被害人方面有以下两大职责：

一是及时给予恐怖事件受害人员及其近亲属适当的救助。包括灾害救助、医疗救助、教育救助、住房临时救助以及司法救助。

二是及时向失去基本生活条件的受害人员及其近亲属提供基本生活保障。不仅包括在应急救援阶段对生活无着的恐怖事件受害人员及其近亲属提供食品、衣物、住房等紧急救助物资，还包括为符合《社会救助暂行办法》规定的最低生活保障标准的恐怖事件受害人员及其近亲属办理最低生活保障待遇。

（三）公安机关立案侦查（行政向司法的过渡）

在恐怖事件中，恐怖分子实施的恐怖袭击等活动往往伴有严

重的犯罪行为，这些犯罪行为依照我国《刑法》的规定，都需要受到惩罚。只有恐怖事件的真相得以查清，恐怖活动组织、人员被依法追究法律责任，才可以说恐怖事件的应对处置任务最终完结。唯有对恐怖事件中的犯罪行为予以惩处，才能够表明我国反恐怖主义的决心和态度，才能平复受到侵害的民众的心理，也才能对潜在的恐怖分子产生震慑，使其不敢再从事恐怖活动。

为了正确惩处恐怖事件中涉嫌犯罪的组织和人员，需要对事件的起因、经过、相关人员具体实施的行为进行调查。根据我国《刑事诉讼法》的规定，恐怖活动犯罪由公安机关负责侦查。

公安机关在立案后，应当按照《刑事诉讼法》的相关规定开展侦查工作，公安机关有权采取《刑事诉讼法》规定的侦查手段，对有关犯罪嫌疑人采取《刑事诉讼法》规定的强制措施。公安机关对恐怖事件立案侦查，应当查明事件的原因、经过和结果，即查明事件的性质是否确系恐怖活动犯罪，由谁组织、策划，由谁实施，实施的详细经过如何，造成了多大的危害后果。

与此同时，公民个人在公安机关开展的恐怖事件侦查中，应当积极配合调查，提供恐怖事件及相关犯罪的线索。

（四）分析总结评估

1. 分析总结的必要性

与恐怖主义的斗争是一个长期的过程，对恐怖活动的事前安全预防、情报预警和事中应对处置涉及中央与地方、武装力量与地方政府、市场主体与社会力量等多个方面，需要各方协调配合的环节众多，也是一项艰巨复杂的工作。尽管恐怖事件是我们所不希望发生的，但是每一次恐怖事件的发生，都是对我们防范和应对处置恐怖事件的工作机制和各方力量的考验和实战检验，更要及时、充分地进行分析评估，总结经验和教训，提出改进工作措施，这项工作对于提升防范和应对处置恐怖事件的能力，更好地维护国家安全、公共安全和人民群众生命财产安全，具有重要意义。

2. 分析总结的具体内容

分析总结评估工作的目的，是发现和把握恐怖事件发生的特点和规律，提升防范预警、应对处置工作的能力，更加有力地与恐怖活动作斗争。

分析总结评估工作的对象是恐怖事件发生和应对处置工作的全过程。在分析总结恐怖事件发生的原因时，既要分析长期的、根本性的原因，也要分析具体的、直接的原因，分析恐怖活动组织和人员利用了安全防范、情报预警体系的哪些漏洞和薄弱环节，策划和实施了恐怖活动犯罪。

在分析总结应对处置工作时，要着重查找在制定和实施应对处置预案、各方应对处置力量的联动配合机制、现场应急处置措施的实施等方面的不足之处，分析怎样把恐怖事件给公共安全和人民群众生命财产安全的损失降到最低，分析怎样在有效应对处置恐怖事件的同时，尽量减少应对处置的紧急措施对社会公众生产、生活造成的影响。对防范预警措施、情报信息渠道、应对处置措施的有效性进行分析，评估哪些措施应当坚持，哪些措施应当改进。

在全面分析、总结评估的基础上，提出改进有关工作的建议。根据《反恐怖主义法》第六十七条的规定，分析总结评估的情况和改进措施应当向上一级反恐怖主义工作领导机构报告。通过分析总结评估，不断改进工作机制和具体措施，提高与恐怖主义作斗争的能力。

相关法条

《反恐怖主义法》

第五十五条　国家建立健全恐怖事件应对处置预案体系。

国家反恐怖主义工作领导机构应当针对恐怖事件的规律、特点和可能造成的社会危害，分级、分类制定国家应对处置预案，具体规定恐怖事件应对处置的组织指挥体系和恐怖事件安全防范、应对处置程序以及事后社会秩序恢复等内容。

有关部门、地方反恐怖主义工作领导机构应当制定相应的应对处置预案。

第五十六条　应对处置恐怖事件，各级反恐怖主义工作领导机构应当成立由有关部门参加的指挥机构，实行指挥长负责制。反恐怖主义工作领导机构负责人可以担任指挥长，也可以确定公安机关负责人或者反恐怖主义工作领导机构的其他成员单位负责人担任指挥长。

跨省、自治区、直辖市发生的恐怖事件或者特别重大恐怖事件的应对处置，由国家反恐怖主义工作领导机构负责指挥；在省、自治区、直辖市范围内发生的涉及多个行政区域的恐怖事件或者重大恐怖事件的应对处置，由省级反恐怖主义工作领导机构负责指挥。

第五十七条 恐怖事件发生后，发生地反恐怖主义工作领导机构应当立即启动恐怖事件应对处置预案，确定指挥长。有关部门和中国人民解放军、中国人民武装警察部队、民兵组织，按照反恐怖主义工作领导机构和指挥长的统一领导、指挥，协同开展打击、控制、救援、救护等现场应对处置工作。

上级反恐怖主义工作领导机构可以对应对处置工作进行指导，必要时调动有关反恐怖主义力量进行支援。

需要进入紧急状态的，由全国人民代表大会常务委员会或者国务院依照宪法和其他有关法律规定的权限和程序决定。

第五十八条 发现恐怖事件或者疑似恐怖事件后，公安机关应当立即进行处置，并向反恐怖主义工作领导机构报告；中国人民解放军、中国人民武装警察部队发现正在实施恐怖活动的，应当立即予以控制并将案件及时移交公安机关。

反恐怖主义工作领导机构尚未确定指挥长的，由在场处置的公安机关职级最高的人员担任现场指挥员。公安机关未能到达现场的，由在场处置的中国人民解放军或者中国人民武装警察部队职级最高的人员担任现场指挥员。现场应对处置人员无论是否属于同一单位、系统，均应当服从现场指挥员的指挥。

指挥长确定后，现场指挥员应当向其请示、报告工作或者有关情况。

第五十九条　中华人民共和国在境外的机构、人员、重要设施遭受或者可能遭受恐怖袭击的，国务院外交、公安、国家安全、商务、金融、国有资产监督管理、旅游、交通运输等主管部门应当及时启动应对处置预案。国务院外交部门应当协调有关国家采取相应措施。

中华人民共和国在境外的机构、人员、重要设施遭受严重恐怖袭击后，经与有关国家协商同意，国家反恐怖主义工作领导机构可以组织外交、公安、国家安全等部门派出工作人员赴境外开展应对处置工作。

第六十条　应对处置恐怖事件，应当优先保护直接受到恐怖活动危害、威胁人员的人身安全。

第六十一条　恐怖事件发生后，负责应对处置的反恐怖主义工作领导机构可以决定由有关部门和单位采取下列一项或者多项应对处置措施：

（一）组织营救和救治受害人员，疏散、撤离并妥善安置受到威胁的人员以及采取其他救助措施；

（二）封锁现场和周边道路，查验现场人员的身份证件，在有关场所附近设置临时警戒线；

（三）在特定区域内实施空域、海（水）域管制，对特定区域内的交通运输工具进行检查；

（四）在特定区域内实施互联网、无线电、通讯管制；

（五）在特定区域内或者针对特定人员实施出境入境管制；

（六）禁止或者限制使用有关设备、设施，关闭或者限制使用有关场所，中止人员密集的活动或者可能导致危害扩大的生产经营活动；

（七）抢修被损坏的交通、电信、互联网、广播电视、供水、排水、供电、供气、供热等公共设施；

（八）组织志愿人员参加反恐怖主义救援工作，要求具有特定专长的人员提供服务；

（九）其他必要的应对处置措施。

采取前款第三项至第五项规定的应对处置措施，由省级以上反恐怖主义工作领导机构决定或者批准；采取前款第六项规定的应对处置措施，由设区的市级以上反恐怖主义工作领导机构决定。应对处置措施应当明确适用的时间和空间范围，并向社会公布。

第六十二条　人民警察、人民武装警察以及其他依法配备、携带武器的应对处置人员，对在现场持枪支、刀具等凶器或者使用其他危险方法，正在或者准备实施暴力行为的人员，经警告无效的，可以使用武器；紧急情况下或者警告后可能导致更为严重危害后果的，可以直接使用武器。

第六十三条　恐怖事件发生、发展和应对处置信息，由恐怖事件发生地的省级反恐怖主义工作领导机构统一发布；跨省、自治区、直辖市发生的恐怖事件，由指定的省级反恐怖主义工作领导机构统一发布。

任何单位和个人不得编造、传播虚假恐怖事件信息；不得报道、传播可能引起模仿的恐怖活动的实施细节；不得发布恐怖事件中残忍、不人道的场景；在恐怖事件的应对处置过程中，除新闻媒体经负责发布信息的反恐怖主义工作领导机构批准外，不得报道、传播现场应对处置的工作人员、人质身份信息和应对处置行动情况。

第六十四条　恐怖事件应对处置结束后，各级人民政府应当组织有关部门帮助受影响的单位和个人尽快恢复生活、生产，稳定受影响地区的社会秩序和公众情绪。

第六十五条　当地人民政府应当及时给予恐怖事件受害人员及其近亲属适当的救助，并向失去基本生活条件的受害人员及其近亲属及时提供基本生活保障。卫生、医疗保障等主管部门应当为恐怖事件受害人员及其近亲属提供心理、医疗等方面的援助。

第六十六条 公安机关应当及时对恐怖事件立案侦查，查明事件发生的原因、经过和结果，依法追究恐怖活动组织、人员的刑事责任。

第六十七条 反恐怖主义工作领导机构应当对恐怖事件的发生和应对处置工作进行全面分析、总结评估，提出防范和应对处置改进措施，向上一级反恐怖主义工作领导机构报告。

第八章

国际合作

- 国际合作
  - 合作开展依据
    - 开展国际合作的必要性
    - 开展国际合作的原则性规定
    - 平等互惠原则
  - 开展合作的主体和条件
    - 开展合作的主体
    - 开展合作的条件
  - 出境执行任务
    - 出境执行任务的必要性
    - 出境执行任务的具体要求
  - 开展国际司法合作
    - 开展国际司法合作的前提与必要性
    - 反恐怖主义国际司法合作的具体措施

一、合作开展依据

（一）开展国际合作的必要性

恐怖主义是全人类的共同敌人，恐怖主义活动对世界和平与发展造成了重大威胁，需要国际社会携手共同应对。当前，许多恐怖活动组织呈现出国际化的特点，他们借助信息网络，在不同国家进行恐怖活动的组织、策划和实施，参与恐怖活动的人员也经常来自不同国家。在我国境内从事恐怖活动的恐怖活动组织和人员，有相当一部分受到境外恐怖活动组织的影响，甚至直接接受过境外恐怖活动组织的训练和任务。

加强国际合作，是防范和打击恐怖主义，维护我国国家安全、公共安全和人民群众生命财产安全的必要措施。

（二）开展国际合作的原则性规定

我国开展反恐怖主义国际合作需要有相关法律提供依据，这是依法治国的基本要求。

《反恐怖主义法》第六十八条首先对我国开展反恐怖主义国际合作作出原则性规定，明确了我国可以与其他国家、地区、国际组织开展反恐怖主义合作。合作的对象是其他国家、地区和国际组织。这里的“国际组织”，包括联合国这样的全球性国际组织，也包括欧盟、上海合作组织、反洗钱金融行动特别工作组等区域性、专门性的国际组织。合作的内容包括政策对话、情报信息交流、执法合作、国际资金监管合作、刑事司法协助、引渡、被判刑人员移管等，具体由《反恐怖主义法》第七章的其他条文作具体规定。

根据本条规定，我国与其他国家、地区、国际组织开展反恐怖主义合作的依据首先是我国缔结或者参加的国际条约。“缔结”是指我国作为初始缔约国参加条约的制定。“参加”是指我国加入由其他国家、国际组织制定的条约。这里的“国际条约”应当作广义的理解，包括双边的条约、协定，也包括多边的条约、公约。

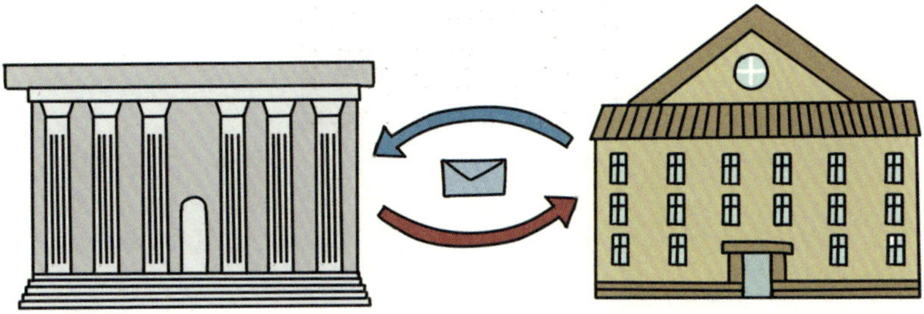

我国参加的一系列国际公约是我国开展反恐怖主义国际合作的国际法依据。例如，我国参加的《东京条约》《蒙特利尔公约》《海牙公约》等。此外，《刑事诉讼法》《中华人民共和国民事诉讼法》《中华人民共和国引渡法》《反洗钱法》等有关我国与外国开展司法协助、执法安全合作的法律，也都有类似的规定，它们是我国开展反恐怖主义国际合作的国内法依据。

（三）平等互惠原则

平等互惠原则也是我国与其他国家、地区、国际组织开展反恐怖主义合作的依据。平等互惠原则的含义第一是平等，即合作双方的地位平等，互相尊重。第二是互惠，即在没有共同缔结或者参加的国际条约规定的情况下，双方相互协作。

如我国被请求向外国提供协助时，应当要求请求国作出将来在我国向其提出协助请求的情况下向我国提供协助的承诺。与依据条约的机制性合作相比，依据平等互惠原则的合作往往需要逐个案件进行磋商。我国在与其他国家、地区、国际组织开展反恐怖主义合作时，对于合作事项有共同缔结或者参加的国际条约规定的，应当遵照条约规定，没有条约规定的，再按照平等互惠原则进行协商。

二、开展合作的主体和条件

（一）开展合作的主体

我国的反恐怖主义国际合作由哪些部门负责具体开展，《反恐怖主义法》第六十九条对此作出规定，国务院有关部门根据国务院授权，代表中国政府与外国政府和有关国际组织开展反恐怖主义政策对话、情报信息交流、执法合作和国际资金监管合作。在不违背我国法律的前提下，边境地区的县级以上地方人民政府及其主管部门，经国务院或者中央有关部门批准，可以与相邻国家或者地区开展反恐怖主义情报信息交流、执法合作和国际资金监管合作。

中央有关部门及地方政府开展反恐怖主义国际合作，是我国开展反恐怖主义国际合作的组成部分。第六十九条对中央有关部门及地方政府在对外开展反恐怖主义国际合作方面应遵循的程序和条件等作了规定，包括开展国际合作的主体、授权主体、对象、范围等问题，为我国中央有关部门及地方政府对外开展反恐怖主义国际合作提供了法律依据。

（二）开展合作的条件

1. 开展反恐怖主义国际合作的主体是国务院有关部门。

2. 授权主体是国务院，即中央人民政府。作为我国最高国家权力机关的执行机关和我国最高国家行政机关，国务院有权代表我国政府对外开展活动。

3. 合作对象包括外国政府和有关国际组织。

4. 合作范围限于反恐怖主义政策对话、情报信息交流、执法合作和国际资金监管合作四个方面。

三、出境执行任务

（一）出境执行任务的必要性

我国面临的恐怖袭击威胁来自境内和境外。一方面，在我国境内发生的恐怖事件中，其中一部分确系境内恐怖活动组织和恐怖活动人员勾结境外恐怖势力策划实施；另一方面，随着我国经济社会的发展和对外交往的增多，我国在境外的投资规模越来越大，出境旅游、学习、工作和生活的公民也越来越多，我国在境外的公民以及驻外机构、设施、财产同样面临着恐怖袭击的威胁，在国际上遭受恐怖袭击殃及和侵害的事件也有所增多。

我国历来反对一切形式的恐怖主义，开展反恐怖主义国际合作，维护国家和公民海外利益、生命财产安全，既是我国反恐怖主义斗争的实际需要，也是我国作为一个负责任大国的国际责任。

（二）出境执行任务的具体要求

1. 派员出境执行反恐怖主义任务的主体是国务院公安部门和国家安全部门，这项权力是中央的专属权。国务院公安部门和国家安全部门是我国中央一级国家机关，即公安部和国家安全部。省级及省级以下公安机关和国家安全机关均无权派员出境执行反恐怖主义任务。

2. 国务院公安部门、国家安全部门派员出境执行反恐怖主义任务需要满足两个前提条件：一是经与有关国家达成协议；二是报国务院批准。

出境执行反恐怖主义任务关系重大，国际社会也很关注，应当权衡多方因素和各方关切，慎重作出决策，规定出境执行反恐怖主义任务要经国务院批准，有利于在更高层面上把握出境执行反恐怖主义任务的时机、目的国、方式、规模等重大复杂敏感问题。国务院公安部门、国家安全部门派员出境执行反恐怖主义任务应当同时满足以上两个条件，二者缺一不可。

3.《反恐怖主义法》第七十一条对调动军事力量出境执行反恐怖主义任务的国内审批程序作了规定，出境执行反恐怖主义任务应当经中央军事委员会批准才能进行。

我国军事力量具有组织严密、纪律严明、训练有素、装备精良、战斗力强等特点，在执行反恐怖主义任务中具有特殊优势，面对日益军事化的恐怖活动组织，军事力量出境执行反恐怖主义任务是有现实需要和实践基础的。

四、开展国际司法合作

（一）开展国际司法合作的前提与必要性

恐怖活动犯罪在各国都是刑事法律打击的对象，它已经成为一种危害巨大的国际性犯罪。恐怖组织成员可能来自各个国家，恐怖分子实施恐怖活动之后由哪国具体制裁需要各国加以确定。

随着恐怖违法犯罪活动的国际化，仅凭一国的力量恐怕难以完成刑事追诉的工作。因为恐怖活动犯罪的认定及处罚需要确凿的证据，当证据散落于各国时，各国之间的司法合作就应运而生。此外，加强恐怖活动犯罪的国际司法合作对恐怖活动组织及人员也是一种威慑。通过国际司法合作可以向恐怖活动组织及成员表明，参加恐怖活动组织或者实施恐怖活动犯罪最终无法逃脱法律的制裁，世界上不存在恐怖分子的天堂。

（二）反恐怖主义国际司法合作的具体措施

1. 刑事司法协助

刑事司法协助有广义与狭义之分：广义的刑事司法协助包括引渡、被判刑人移管、诉讼转移、外国刑事判决的承认和执行以及其他诉讼行为。狭义的刑事司法协助是指一国应另一国的请求，通过本国司法机关的活动为请求国的刑事诉讼顺利进行而提供有关案件的证据、文书送达等帮助，但这类帮助不包括引渡、被判刑人移管、诉讼转移、外国刑事判决的承认和执行等。《反恐怖主义法》第七十条所规定的刑事司法协助、引渡和被判刑人移管并列，是指狭义的刑事司法协助。

2. 引渡

“引渡”是指一国应外国的请求，把正处在自己领土之内而受到该外国通缉或判刑的人，移交给该外国审判或处罚的行为。在现代国际关系中，引渡已成为两国之间司法合作的重要形式，

是国家主权的合法体现。

案例

例如，2015年10月28日法国警方将非法吸收公众资金2000余万元人民币，后逃匿至法国的犯罪嫌疑人陈某抓获。随后，我国依据《中法引渡条约》通过外交渠道向法国提出引渡请求。经审理，法国决定向我国引渡陈某。2016年9月14日，法国警方在巴黎机场将陈某移交公安部“猎狐行动”工作组。9月15日12时许，陈某被押解至北京首都机场。这是《中法引渡条约》生效后从法国引渡的首名逃犯，实现了追捕潜逃法国犯罪嫌疑人的重大突破。该案也是继意大利、西班牙等国之后，我国在欧洲国家成功引渡逃犯的又一经典案例，为推进在欧洲国家的追逃工作进一步积累了经验。[①]

3. 被判刑人移管

被判刑人移管是指判刑国将在本国受到审判的被判刑人移交给执行国执行判决所判处的全部或者一部分刑罚。判刑国是指对被判刑人作出判决的国家。执行国是指被判刑人可能或者已经被移管到该国境内以便服刑的国家，通常是其国籍国或惯

---

① 参见《公安部：“猎狐行动”首次从法国引渡一名逃犯》，载人民网，http://ah.people.com.cn/n2/2016/0920/c358314-29026878.html，最后访问时间：2019年12月18日。

常住所地国。判决是指判处刑罚的、已发生法律效力的法院裁决。被判刑人是指根据判决服刑的人。被判刑人移管符合各国利益和实际需要，有利于被判刑人服刑改造和重返社会，也符合人道主义原则。

相关法条

《反恐怖主义法》

第六十八条 中华人民共和国根据缔结或者参加的国际条约，或者按照平等互惠原则，与其他国家、地区、国际组织开展反恐怖主义合作。

第六十九条 国务院有关部门根据国务院授权，代表中国政府与外国政府和有关国际组织开展反恐怖主义政策对话、情报信息交流、执法合作和国际资金监管合作。

在不违背我国法律的前提下，边境地区的县级以上地方人民政府及其主管部门，经国务院或者中央有关部门批准，可以与相邻国家或者地区开展反恐怖主义情报信息交流、执法合作和国际资金监管合作。

第七十条 涉及恐怖活动犯罪的刑事司法协助、引渡和被判刑人移管，依照有关法律规定执行。

第七十一条 经与有关国家达成协议，并报国务院批准，国务院公安部门、国家安全部门可以派员出境执行反恐怖主义任务。

中国人民解放军、中国人民武装警察部队派员出境执行反恐怖主义任务，由中央军事委员会批准。

第七十二条 通过反恐怖主义国际合作取得的材料可以在行政处罚、刑事诉讼中作为证据使用，但我方承诺不作为证据使用的除外。

第九章

保障措施

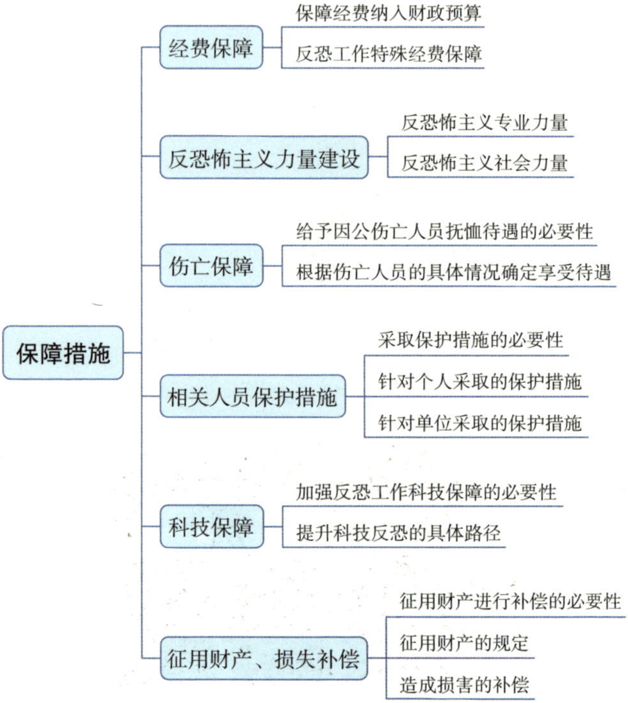
保障措施
经费保障
保障经费纳入财政预算
反恐工作特殊经费保障
反恐怖主义力量建设
反恐怖主义专业力量
反恐怖主义社会力量
伤亡保障
给予因公伤亡人员抚恤待遇的必要性
根据伤亡人员的具体情况确定享受待遇
相关人员保护措施
采取保护措施的必要性
针对个人采取的保护措施
针对单位采取的保护措施
科技保障
加强反恐工作科技保障的必要性
提升科技反恐的具体路径
征用财产、损失补偿
征用财产进行补偿的必要性
征用财产的规定
造成损害的补偿

一、经费保障

反恐怖主义工作经费是反恐怖主义工作的物质前提，是保障措施的一个重要方面。对经费保障作出专门规定，有助于相关部门单位有效履行职责，提高工作效率，加强战斗力。

（一）保障经费纳入财政预算

国务院和县级以上地方各级人民政府应当根据本级政府在反恐怖主义工作中依法承担的职责和任务确定保障所需的工作经费。纳入相应级别政府财政正常的预算支出范围，由政府财政予以保障，从而建立稳定的反恐怖主义经费保障机制。

（二）反恐工作特殊经费保障

1. 对反恐怖主义重点地区给予经费保障

我国不同地区之间恐怖事件的发生情况、规模不同，反恐怖主义重点地区主要是指恐怖事件发生频繁、规模大，造成的危害、损失和后果严重的地区。与其他地区相比，反恐怖主义重点地区需要更多的反恐怖主义经费以保障《反恐怖主义法》规定的反恐怖主义安全防范、应对处置等各项措施得到执行，地方政府财力有限，可能出现不能完全满足反恐怖主义工作需要的情况，中央政府应当给予必要的经费支持。

2. 对应对处置大规模恐怖事件给予经费保障

大规模恐怖事件往往事发突然，造成的生命财产损失严重，影响广泛且恶劣。此类事件发生后，有关部门和单位应当根据《反恐怖主义法》的规定采取相应的应对处置措施，包括救治伤病员，动员、组织群众，征用一些社会资源，妥善安置受到威胁的人员，抢修被损坏的交通、电信、互联网、广播电视、供水、排水、供电、供气、供热等公共设施，等等。这些措施的采取需要大量的经费，恐怖事件发生地区地方政府的财力有时难以承受，中央政府应当对所需经费给予保障。

二、反恐怖主义力量建设

加强反恐怖主义应急处置能力建设，提高反恐怖主义能力水平，严厉打击恐怖主义，最重要的是建立一支强大、高效的反恐怖主义队伍。《反恐怖主义法》第七十四条根据总则的要求，对有关部门和单位的反恐怖主义队伍建设提出了明确要求，以保障法律赋予的反恐怖主义职责得到有效履行。

（一）反恐怖主义专业力量

当今的恐怖活动形式多样、手段残忍、破坏力大，反恐怖主义工作危险性高、专业性强、时效性突出，这种特点决定了需要一支经过专业训练、具备丰富经验、配备专业装备、武器精良的力量来执行反恐怖主义任务。加强反恐怖主义专业力量建设，有利于尽早掌握恐怖活动情报信息、有利于及时果断科学应对恐怖主义活动，也有利于反恐怖主义力量的自我保护以避免损失。

对于建立的反恐怖主义专业力量，应当加强专业训练，并配备必要的反恐怖主义专业设备、设施。这是反恐怖主义专业力量防范和打击恐怖主义的软、硬件保障。专业训练，是指针对恐怖活动的特点、规律、手段、方式等进行的有针对性的训练，掌握相应的技能、技巧，使得反恐怖主义专业力量在应对和面对恐怖活动时能够在合适的时机采取合适的措施。反恐怖主义专业设备、设施是防范和处置恐怖活动的重要物质保障。恐怖事件处置应以制止恐怖活动行为、最大限度地减少人员伤亡和财产损失为原则，处置不当会带来十分严重的后果。

（二）反恐怖主义社会力量

1. 社会力量建设的必要性

反恐怖主义社会力量是反恐怖主义力量的有机组成部分，加强社会力量的建设主要有以下原因：

（1）群众是反恐怖主义的重要基础力量和依靠力量，依靠群众是经过实践检验的行之有效的方法。

（2）每一位普通民众都可能成为恐怖袭击的主要目标之一，是恐怖活动的受害者，加强社会力量的建设对于保护民众自身安全很有必要。

（3）恐怖活动具有隐蔽性、不确定性、突发性等特点，使得单纯依靠专业反恐怖主义职能部门和力量很难及时、全面遏制恐怖主义的发展态势，需要民众在反恐怖主义工作中发挥作用。

2. 社会力量的工作职责

县级和乡级人民政府根据需要指导有关单位、村民委员会、居民委员会建立反恐怖主义工作力量、志愿者队伍，并不是依靠他们战斗在反恐怖主义的第一线，而是请他们协助、配合有关部门开展反恐怖主义工作，比如遇到可疑情况及时报告，协助、配合治疗伤员等。

三、伤亡保障

（一）给予因公伤亡人员抚恤待遇的必要性

反恐怖主义有关人员直接面对危险的恐怖活动组织人员，不仅在执行任务中面临人身安全危险，日后也容易成为恐怖活动组织人员打击报复的对象，实践中伤残、牺牲的情况时有发生。为表彰、抚恤他们为国家、社会做出的牺牲，体现国家对这些人员的关心爱护，解除他们的后顾之忧。《反恐怖主义法》第七十五条明确规定，对因履行反恐怖主义工作职责或协助配合有关部门开展反恐怖主义工作导致伤残或者死亡的人员给予抚恤优待。

（二）根据伤亡人员的具体情况确定享受待遇

（1）因履行反恐怖主义工作职责或者协助、配合有关部门开展反恐怖主义工作导致死亡的人员依法被评定为烈士的，应当依照《烈士褒扬条例》的规定对其本人予以褒扬，对其遗属给予抚恤优待。《烈士褒扬条例》对烈士褒扬金和烈士遗属的抚恤优待作了详细而具体的规定。

（2）对军人的抚恤优待问题，《中华人民共和国军人保险法》和《军人抚恤优待条例》都作了规定。根据前者的规定，军人因战、因公死亡或者致残的，应当给付军人死亡保险金或者军人残疾保险金。根据前者的规定，对军人的抚恤优待主要包括死亡抚恤、残疾抚恤优待等内容。

（3）根据《中华人民共和国人民武装警察法》的规定，人民武装警察因执行任务伤亡的，按照国家有关军人抚恤优待的规定给予抚恤优待。因此，武装警察因履行反恐怖主义工作职责导致伤残或者死亡的，应当享受与军人同样的待遇。

（4）国家机关工作人员因战、因公负伤致残，按照《伤残抚恤管理办法》的有关规定予以评残和抚恤；其评残条件、伤残性质的认定、伤残等级评定标准、伤残抚恤金标准等参照《军人抚恤优待条例》《军人残疾等级评定标准》等有关规定。

（5）根据《工伤保险条例》的规定，在抢险救灾等维护国家利益、公共利益活动中受到伤害的，视同工伤，这类人员按照《工伤保险条例》的有关规定享受工伤保险待遇。因此，依法参加工伤社会保险的人员因协助、配合有关部门开展反恐怖主义工作导致伤残或者死亡，属于视同工伤情形的，依法享受工伤保险待遇。

四、相关人员保护措施

（一）采取保护措施的必要性

《反恐怖主义法》在《刑事诉讼法》相关规定的基础上，进一步完善规定了相应措施以加强对相关人员的保护，这既是该法规定的保障措施的重要内容，也是解除当事人后顾之忧，防范和打击恐怖主义的实际需要。

（二）针对个人采取的保护措施

即对因报告和制止恐怖活动，在恐怖活动犯罪案件中作证，或者从事反恐怖主义工作，本人或者其近亲属的人身安全面临危险时可以采取保护措施的规定。《反恐怖主义法》第七十六条第一款规定包括如下几个方面的内容：

1. 适用范围和对象

第一类是因报告和制止恐怖活动，本人或者其近亲属的人身安全面临危险的人。

第二类是在恐怖活动犯罪案件中作证，本人或者其近亲属的人身安全面临危险的人。

第三类是从事反恐怖主义工作，本人或者其近亲属的人身安全面临危险的人。

2. 适用条件

即因上述反恐怖主义相关工作，本人及其近亲属面临人身安全威胁。实践中，报告和制止恐怖活动、在恐怖案件犯罪案件中作证的人，本人及其近亲属遭受打击报复的风险较高，面临很大的人身安全威胁。从事反恐怖主义工作的人员尤其是一线反恐怖主义工作人员，其近亲属可能面临很大的人身安全威胁，有些情况下工作人员本人也可能面临个人无法应对的安全风险。因此，以上人员的人身安全面临危险时，有必要采取相应措施予以保护。

3. 适用程序及执行主体

根据《反恐怖主义法》第七十六条的规定，采取保护措施需经本人或者其近亲属提出申请。采取保护措施的执行主体为公安机关、有关部门，这里的有关部门包括国家安全机关、人民检察院、人民法院等相关部门。执行中需要结合被保护人的具体情况和需要采取的具体保护措施确定执行主体。

（三）针对单位采取的保护措施

所保护的单位，主要是因报告和制止恐怖活动，其工作人员在恐怖活动犯罪案件中作证，或者从事反恐怖主义工作，单位的安全面临现实危险的。经符合条件的单位提出申请，公安机关和有关部门也应当采取必要的保护措施。本法规定了有关单位的反恐怖主义职责，并规定任何单位都有协助、配合有关部门开展反恐怖主义工作的义务，发现恐怖活动嫌疑或者恐怖活动嫌疑人员的，应当及时向公安机关或者有关部门报告。

单位在报告和制止恐怖活动，其工作人员在恐怖活动犯罪案件中作证，或者从事反恐怖主义工作的，也可能会面临一定的安全风险。针对单位的情况，《反恐怖主义法》第七十六条第二款规定了如下保护措施：不公开被保护单位的真实名称、地址，禁止特定的人接近被保护单位，对被保护单位办公、经营场所采取专门性保护措施，以及其他必要的保护措施。

五、科技保障

（一）加强反恐工作科技保障的必要性

当今世界科技发展日新月异，充分利用现代科技进步的成果，不断提高反恐工作能力，是加强反恐怖主义工作的必由之路。一方面，科技进步为提升反恐能力提供坚实的技术、装备等方面的支持；另一方面，在现代技术条件下，恐怖组织及其成员也在利用现代技术成果提高其组织实施恐怖袭击、逃避打击的能力，这也使得国家只有不断提高反恐技术，才能有效防范和打击恐怖活动。

（二）提升科技反恐的具体路径

1. 加强和提升反恐怖安全防范能力和水平，有效预防恐怖活动的发生

针对恐怖组织及其人员通常以国家机关、车站、码头、机场、大型活动场所等为恐怖袭击目标，实施爆炸、投毒、劫持人质等恐怖活动犯罪的特点，利用技防、物防技术，在重要目标周围和关键部位配备、安装视频图像信息系统，特别是有人像对比识别功能的视频监控设备，安装配备先进的安检设备，能够及时发现恐怖嫌疑人员和爆炸物等危险人员和物品。

2. 加强和提升反恐情报收集和研判分析能力

反恐工作，情报先行。现代的侦察、监视、识别等技术的发展，有效提升了对恐怖活动组织及其人员相关活动信息的发现、收集以及对恐怖活动嫌疑人员进行管控的能力。信息技术的发展和大数据技术的应用，大大提升了相关部门处理海量数据的能力和分析研判的精确度。如美国情报部门利用多种技术手段锁定本·拉登的位置，对其进行全程监控并在适当的时机采取行动，就是运用现代技术反恐的案例。因此，充分利用先进技术手段，提高反恐怖情报收集和分析能力，是做好反恐怖安全防范、预警、应对处置等工作，实现先发制敌，保持主动的关键。

3. 加强和提升反恐应对处置的能力

在反恐应对处置工作中运用先进技术手段和设备设施，能够有效提升反恐处置力量，加强高效指挥、快速反应、协调行动、应急救援等方面的能力，尽最大可能减少恐怖袭击造成的人员伤亡和财产损失。

为此，《反恐怖主义法》第七十七条规定国家鼓励、支持反恐怖主义科学研究和技术创新，开发和推广使用先进的反恐怖主义技术、设备。国家鼓励、支持反恐怖主义科学研究和技术创新，是指国家通过表彰、奖励、财政、金融等优惠政策等方向引导、鼓励和支持有关方面开展与反恐怖主义工作相关的科学研究和技术创新活动，不断开发新的更为先进的反恐怖主义技术、设备，并加大推广使用的力度。

六、征用财产、损失补偿

征用制度实际上体现了法律对公民和组织的财产权这一“私权利”的保护与政府为保障社会公共利益的实现而进行的“公权力”的行使的有机统一。

（一）征用财产进行补偿的必要性

《反恐怖主义法》赋予公安机关、国家安全机关、中国人民解放军、中国人民武装警察部队相应的反恐怖主义职责，这些机关在履行反恐怖主义工作职责过程中，往往需要依法采取行动，如在恐怖事件发生后，作为应急处置工作，可能需要营救和救治受伤人员，疏散、撤离、妥善安置受到威胁的人员，等等。由于反恐怖主义工作往往有突发性和时效性强的特点，尤其是在应对处置恐怖主义事件时，打击、控制、救援、救护等现场应对处置工作需要争分夺秒，容不得迟延。

公安机关、国家安全机关、中国人民解放军、中国人民武装警察部队等现场处置力量在开展这些工作的过程中，由于装备条件所限、装备未能到位或者根据现场情况，可能需要紧急征用单位或者个人的车辆用于疏散、撤离人员，紧急征用单位或者个人的破拆、起重、通风、发电等设备设施用于营救、救治受伤人员，紧急征用单位或者个人的房屋、场所用于安置疏散、撤离人员，等等。为此，需要在法律中明确规定公安机关、国家安全机关、中国人民解放军、中国人民武装警察部队等参与反恐怖主义工作的机关履行反恐怖主义职责过程中，在有紧急需要的情况下，有权根据国家有关规定，征用单位和个人的财产。

在法律上对征用的权限作出明确规定，有利于保障公安机关等部门反恐怖主义工作的顺利开展，也有利于取得当事公民和组织对相关部门开展反恐怖主义工作的理解和支持。

（二）征用财产的规定

执行反恐怖主义工作的相关机关征用单位和个人财产，在任务完成后应当及时归还或恢复原状，并依照规定支付相应费用，造成损失的应当补偿。法律赋予相关方面采取征用措施的权利，是出于反恐工作的紧急需要。而且，相关单位和个人将自己的财产供有关方面使用，也是以实际行动支持反恐怖主义工作的体现。

同时，使用有关单位和个人的财产，反恐怖主义工作的执行机关还需要按规定支付相应费用，因为征用是为了紧急使用，并不当然意味着无偿使用。同理，如果被征用的财产在使用过程中发生毁损灭失的情况，还应当给被征用的单位和个人给予相应的经济补偿。

（三）造成损害的补偿

有关部门在反恐怖主义工作中采取相应处置措施，难免会对单位和个人的财产造成损害。如果出现这种情况，有关方面应当依法给予合法权益被损害的单位和个人相应的赔偿和补偿。同时，合法权益被损害的单位和个人，也享有相应的请求有关方面给予赔偿、补偿的请求权。

此外，相关部门在行使职权的过程中，要特别注意保护好公民的合法权益和利益，尽可能避免和减少给单位和个人造成不必要的负担，如果已经造成损害，应当及时依法给予补偿和赔偿。只有这样，才能取得包括广大人民群众在内的社会各方面对反恐怖主义工作的理解与支持，也才能真正将《反恐怖主义法》总则中规定的反恐工作应当“坚持专门工作与群众路线相结合”的原则落到实处，并为最终赢得反恐怖主义斗争的胜利打下坚实的群众基础。

相关法条

《反恐怖主义法》

第七十三条 国务院和县级以上地方各级人民政府应当按照事权划分，将反恐怖主义工作经费分别列入同级财政预算。

国家对反恐怖主义重点地区给予必要的经费支持，对应对处置大规模恐怖事件给予经费保障。

第七十四条　公安机关、国家安全机关和有关部门，以及中国人民解放军、中国人民武装警察部队，应当依照法律规定的职责，建立反恐怖主义专业力量，加强专业训练，配备必要的反恐怖主义专业设备、设施。

县级、乡级人民政府根据需要，指导有关单位、村民委员会、居民委员会建立反恐怖主义工作力量、志愿者队伍，协助、配合有关部门开展反恐怖主义工作。

第七十五条　对因履行反恐怖主义工作职责或者协助、配合有关部门开展反恐怖主义工作导致伤残或者死亡的人员，按照国家有关规定给予相应的待遇。

第七十六条　因报告和制止恐怖活动，在恐怖活动犯罪案件中作证，或者从事反恐怖主义工作，本人或者其近亲属的人身安全面临危险的，经本人或者其近亲属提出申请，公安机关、有关部门应当采取下列一项或者多项保护措施：

（一）不公开真实姓名、住址和工作单位等个人信息；

（二）禁止特定的人接触被保护人员；

（三）对人身和住宅采取专门性保护措施；

（四）变更被保护人员的姓名，重新安排住所和工作单位；

（五）其他必要的保护措施。

公安机关、有关部门应当依照前款规定，采取不公开被保护单位的真实名称、地址，禁止特定的人接近被保护单位，对被保护单位办公、经营场所采取专门性保护措施，以及其他必要的保护措施。

第七十七条 国家鼓励、支持反恐怖主义科学研究和技术创新，开发和推广使用先进的反恐怖主义技术、设备。

第七十八条 公安机关、国家安全机关、中国人民解放军、中国人民武装警察部队因履行反恐怖主义职责的紧急需要，根据国家有关规定，可以征用单位和个人的财产。任务完成后应当及时归还或者恢复原状，并依照规定支付相应费用；造成损失的，应当补偿。

因开展反恐怖主义工作对有关单位和个人的合法权益造成损害的，应当依法给予赔偿、补偿。有关单位和个人有权依法请求赔偿、补偿。

第十章

法律责任

- 法律责任
  - 法律责任的性质
    - 行政法律责任
    - 刑事法律责任
  - 法律责任涉及的主体
    - 自然人的法律责任
    - 单位的法律责任
    - 相关部门、机构工作人员的法律责任
  - 追究法律责任的机构
  - 处罚的救济措施

《反恐怖主义法》在第九章规定了“法律责任”。前述各章在介绍各种妨害反恐怖主义工作的行为时，已经涉及法律责任承担的相关内容。本章就法律责任问题的未尽内容作简要说明。

一、法律责任的性质

（一）行政法律责任

法律责任依据行为所触犯的法律关系，分为民事法律关系、行政法律关系以及刑事法律关系等。

总体来看，《反恐怖主义法》不是刑法的范畴，其中涉及的法律责任，往往以行政处罚为主要内容，因此，此类法律责任的其中一种是行政法律责任。

例如，《反恐怖主义法》第九十一条第一款规定：“拒不配合有关部门开展反恐怖主义安全防范、情报信息、调查、应对处置工作的，由主管部门处二千元以下罚款；造成严重后果的，处五日以上十五日以下拘留，可以并处一万元以下罚款。”

其中的拘留、罚款均是行政处罚，是对行为人行政法律责任的追究。

（二）刑事法律责任

应当注意，《反恐怖主义法》还涉及刑事法律责任的内容。例如，《反恐怖主义法》第七十九条规定，组织、策划、准备实施、实施恐怖活动，宣扬恐怖主义，煽动实施恐怖活动，非法持有宣扬恐怖主义的物品，强制他人在公共场所穿戴宣扬恐怖主义的服饰、标志，组织、领导、参加恐怖活动组织，为恐怖活动组织、恐怖活动人员、实施恐怖活动或者恐怖活动培训提供帮助的，依法追究刑事责任。

但是《反恐怖主义法》并未对违反该法应当追究刑事责任的情况直接规定应当处以何种刑罚。只是原则性地对何种行为应当追究刑事责任提供了指引，具体刑事责任的追究需要依照《刑法》的相关规定进行。

二、法律责任涉及的主体

反恐怖主义工作涉及方方面面，因此，违反法律规定应当承担法律责任的主体也是各种各样的。既包括单位主体，又包括自然人主体；既有公民个人，也有国家机关等部门的工作人员。

（一）自然人的法律责任

自然人在反恐怖主义工作中有违反本法规定的，需要承担相应的法律责任。例如，《反恐怖主义法》第八十二条规定：“明知他人有恐怖活动犯罪、极端主义犯罪行为，窝藏、包庇，情节轻微，尚不构成犯罪的，或者在司法机关向其调查有关情况、收集有关证据时，拒绝提供的，由公安机关处十日以上十五日以下拘留，可以并处一万元以下罚款。”公民个人明知他人有恐怖活动犯罪、极端主义犯罪等行为，仍然窝藏、包庇，妨碍司法机关调查的，需要承担行政法律责任，严重的甚至构成犯罪，需要承担刑事责任。

（二）单位的法律责任

《反恐怖主义法》中规定的法律责任还涉及许多单位主体的情况。例如，《反恐怖主义法》第八十八条第二款规定：“大型活动承办单位以及重点目标的管理单位未依照规定对进入大型活动场所、机场、火车站、码头、城市轨道交通站、公路长途客运站、口岸等重点目标的人员、物品和交通工具进行安全检查的，公安机关应当责令改正；拒不改正的，处十万元以下罚款，并对其直接负责的主管人员和其他直接责任人员处一万元以下罚款。”

需要注意的是，对单位主体法律责任的追究，往往采取双罚制。所谓“双罚”，是指既要处罚单位，还要处罚单位的直接负责的主管人员和其他直接责任人员。

（三）相关部门、机构工作人员的法律责任

反恐怖主义工作领导机构、相关部门的工作人员，在反恐怖主义工作中违反法律规定，也需要承担相应的法律责任。例如，《反恐怖主义法》第九十四条第一款规定：“反恐怖主义工作领导机构、有关部门的工作人员在反恐怖主义工作中滥用职权、玩忽职守、徇私舞弊，或者有违反规定泄露国家秘密、商业秘密和个人隐私等行为，构成犯罪的，依法追究刑事责任；尚不构成犯罪的，依法给予处分。”

三、追究法律责任的机构

法律责任的追究往往以对违法主体处以一定的处罚为内容，需要特殊的机构履行追究违法主体法律责任的职责。反恐怖主义

工作领导机构虽然对反恐怖主义工作的全局承担领导职责，但是其并不具有直接追究法律责任的权力。那么，应当由谁依照《反恐怖主义法》的规定来追究具体的违法主体的法律责任呢?

《反恐怖主义法》第九章的规定涉及的追究法律责任的主体包括两类，一类是相关责任主体的主管部门；另一类是公安机关。且公安机关是追究法律责任的主要机构。

例如,《反恐怖主义法》第八十四条规定:“电信业务经营者、互联网服务提供者有下列情形之一的，由主管部门处二十万元以上五十万元以下罚款，并对其直接负责的主管人员和其他直接责任人员处十万元以下罚款；情节严重的，处五十万元以上罚款，并对其直接负责的主管人员和其他直接责任人员，处十万元以上五十万元以下罚款，可以由公安机关对其直接负责的主管人员和其他直接责任人员，处五日以上十五日以下拘留：(一）未依照规定为公安机关、国家安全机关依法进行防范、调查恐怖活动提供技术接口和解密等技术支持和协助的；(二）未按照主管部门的要求，停止传输、删除含有恐怖主义、极端主义内容的信息，保存相关记录，关闭相关网站或者关停相关服务的；(三）未落实网络安全、信息内容监督制度和安全技术防范措施，造成含有恐怖主义、极端主义内容的信息传播，情节严重的。”其中，既包括主管部门对电信业务经营者、互联网服务提供者的处罚，也包括公安机关所处以的行政处罚。

四、处罚的救济措施

法律责任的承担都以剥夺行为人的财产和自由为内容，因此，当处罚存在不当时，应当允许被处罚对象采取必要的救济措施，以维护自身的合法权益。

对此，《反恐怖主义法》也设置了相应的救济性规定。即该法第九十六条规定，“有关单位和个人对依照本法作出的行政处罚和行政强制措施决定不服的，可以依法申请行政复议或者提起行政诉讼”。

公安机关作为行政机关，其依照《反恐怖主义法》对行为人所作出的行政处罚决定是一种行政行为，因而受到《中华人民共和国行政复议法》《中华人民共和国行政诉讼法》等行政法律的规制。当公安机关对行为人的行为作出行政处罚或采取行政强制措施，行为人认为不当或有误因而不服的，可以依照《反恐怖主义法》第九十六条以及上述法律的规定向相关部门提出行政复议申请，直至向人民法院提起行政诉讼，以切实维护自身权益，赋予行为人这种救济的权利，也是对公安机关的行政行为的一种有力监督。

相关法条

《反恐怖主义法》

第七十九条 组织、策划、准备实施、实施恐怖活动，宣扬恐怖主义，煽动实施恐怖活动，非法持有宣扬恐怖主义的物品，强制他人在公共场所穿戴宣扬恐怖主义的服饰、标志，组织、领导、参加恐怖活动组织，为恐怖活动组织、恐怖活动人员、实施恐怖活动或者恐怖活动培训提供帮助的，依法追究刑事责任。

第八十条　参与下列活动之一，情节轻微，尚不构成犯罪的，由公安机关处十日以上十五日以下拘留，可以并处一万元以下罚款：

（一）宣扬恐怖主义、极端主义或者煽动实施恐怖活动、极端主义活动的；

（二）制作、传播、非法持有宣扬恐怖主义、极端主义的物品的；

（三）强制他人在公共场所穿戴宣扬恐怖主义、极端主义的服饰、标志的；

（四）为宣扬恐怖主义、极端主义或者实施恐怖主义、极端主义活动提供信息、资金、物资、劳务、技术、场所等支持、协助、便利的。

第八十一条　利用极端主义，实施下列行为之一，情节轻微，尚不构成犯罪的，由公安机关处五日以上十五日以下拘留，可以并处一万元以下罚款：

（一）强迫他人参加宗教活动，或者强迫他人向宗教活动场所、宗教教职人员提供财物或者劳务的；

（二）以恐吓、骚扰等方式驱赶其他民族或者有其他信仰的人员离开居住地的；

（三）以恐吓、骚扰等方式干涉他人与其他民族或者有其他信仰的人员交往、共同生活的；

（四）以恐吓、骚扰等方式干涉他人生活习俗、方式和生产经营的；

（五）阻碍国家机关工作人员依法执行职务的；

（六）歪曲、诋毁国家政策、法律、行政法规，煽动、教唆抵制人民政府依法管理的；

（七）煽动、胁迫群众损毁或者故意损毁居民身份证、户口簿等国家法定证件以及人民币的；

（八）煽动、胁迫他人以宗教仪式取代结婚、离婚登记的；

（九）煽动、胁迫未成年人不接受义务教育的；

（十）其他利用极端主义破坏国家法律制度实施的。

第八十二条 明知他人有恐怖活动犯罪、极端主义犯罪行为，窝藏、包庇，情节轻微，尚不构成犯罪的，或者在司法机关向其调查有关情况、收集有关证据时，拒绝提供的，由公安机关处十日以上十五日以下拘留，可以并处一万元以下罚款。

第八十三条 金融机构和特定非金融机构对国家反恐怖主义工作领导机构的办事机构公告的恐怖活动组织及恐怖活动人员的资金或者其他资产，未立即予以冻结的，由公安机关处二十万元以上五十万元以下罚款，并对直接负责的董事、高级管理人员和其他直接责任人员处十万元以下罚款；情节严重的，处五十万元以上罚款，并对直接负责的董事、高级管理人员和其他直接责任人员，处十万元以上五十万元以下罚款，可以并处五日以上十五日以下拘留。

第八十四条　电信业务经营者、互联网服务提供者有下列情形之一的，由主管部门处二十万元以上五十万元以下罚款，并对其直接负责的主管人员和其他直接责任人员处十万元以下罚款；情节严重的，处五十万元以上罚款，并对其直接负责的主管人员和其他直接责任人员，处十万元以上五十万元以下罚款，可以由公安机关对其直接负责的主管人员和其他直接责任人员，处五日以上十五日以下拘留：

（一）未依照规定为公安机关、国家安全机关依法进行防范、调查恐怖活动提供技术接口和解密等技术支持和协助的；

（二）未按照主管部门的要求，停止传输、删除含有恐怖主义、极端主义内容的信息，保存相关记录，关闭相关网站或者关停相关服务的；

（三）未落实网络安全、信息内容监督制度和安全技术防范措施，造成含有恐怖主义、极端主义内容的信息传播，情节严重的。

第八十五条　铁路、公路、水上、航空的货运和邮政、快递等物流运营单位有下列情形之一的，由主管部门处十万元以上五十万元以下罚款，并对其直接负责的主管人员和其他直接责任人员处十万元以下罚款：

（一）未实行安全查验制度，对客户身份进行查验，或者未依照规定对运输、寄递物品进行安全检查或者开封验视的；

（二）对禁止运输、寄递，存在重大安全隐患，或者客户拒绝安全查验的物品予以运输、寄递的；

（三）未实行运输、寄递客户身份、物品信息登记制度的。

第八十六条 电信、互联网、金融业务经营者、服务提供者未按规定对客户身份进行查验，或者对身份不明、拒绝身份查验的客户提供服务的，主管部门应当责令改正；拒不改正的，处二十万元以上五十万元以下罚款，并对其直接负责的主管人员和其他直接责任人员处十万元以下罚款；情节严重的，处五十万元以上罚款，并对其直接负责的主管人员和其他直接责任人员，处十万元以上五十万元以下罚款。

住宿、长途客运、机动车租赁等业务经营者、服务提供者有前款规定情形的，由主管部门处十万元以上五十万元以下罚款，并对其直接负责的主管人员和其他直接责任人员处十万元以下罚款。

第八十七条 违反本法规定，有下列情形之一的，由主管部门给予警告，并责令改正；拒不改正的，处十万元以下罚款，并对其直接负责的主管人员和其他直接责任人员处一万元以下罚款：

（一）未依照规定对枪支等武器、弹药、管制器具、危险化学品、民用爆炸物品、核与放射物品作出电子追踪标识，对民用爆炸物品添加安检示踪标识物的；

（二）未依照规定对运营中的危险化学品、民用爆炸物品、核与放射物品的运输工具通过定位系统实行监控的；

（三）未依照规定对传染病病原体等物质实行严格的监督管理，情节严重的；

（四）违反国务院有关主管部门或者省级人民政府对管制器具、危险化学品、民用爆炸物品决定的管制或者限制交易措施的。

第八十八条 防范恐怖袭击重点目标的管理、营运单位违反本法规定，有下列情形之一的，由公安机关给予警告，并责令改正；拒不改正的，处十万元以下罚款，并对其直接负责的主管人员和其他直接责任人员处一万元以下罚款：

（一）未制定防范和应对处置恐怖活动的预案、措施的；

（二）未建立反恐怖主义工作专项经费保障制度，或者未配备防范和处置设备、设施的；

（三）未落实工作机构或者责任人员的；

（四）未对重要岗位人员进行安全背景审查，或者未将有不适合情形的人员调整工作岗位的；

（五）对公共交通运输工具未依照规定配备安保人员和相应设备、设施的；

（六）未建立公共安全视频图像信息系统值班监看、信息保存使用、运行维护等管理制度的。

大型活动承办单位以及重点目标的管理单位未依照规定对进入大型活动场所、机场、火车站、码头、城市轨道交通站、公路长途客运站、口岸等重点目标的人员、物品和交通工具进行安全检查的，公安机关应当责令改正；拒不改正的，处十万元以下罚款，并对其直接负责的主管人员和其他直接责任人员处一万元以下罚款。

第八十九条 恐怖活动嫌疑人员违反公安机关责令其遵守的约束措施的，由公安机关给予警告，并责令改正；拒不改正的，处五日以上十五日以下拘留。

第九十条 新闻媒体等单位编造、传播虚假恐怖事件信息，报道、传播可能引起模仿的恐怖活动的实施细节，发布恐怖事件中残忍、不人道的场景，或者未经批准，报道、传播现场应对处置的工作人员、人质身份信息和应对处置行动情况的，由公安机关处二十万元以下罚款，并对其直接负责的主管人员和其他直接责任人员，处五日以上十五日以下拘留，可以并处五万元以下罚款。

个人有前款规定行为的，由公安机关处五日以上十五日以下拘留，可以并处一万元以下罚款。

第九十一条　拒不配合有关部门开展反恐怖主义安全防范、情报信息、调查、应对处置工作的，由主管部门处二千元以下罚款；造成严重后果的，处五日以上十五日以下拘留，可以并处一万元以下罚款。

单位有前款规定行为的，由主管部门处五万元以下罚款；造成严重后果的，处十万元以下罚款；并对其直接负责的主管人员和其他直接责任人员依照前款规定处罚。

第九十二条　阻碍有关部门开展反恐怖主义工作的，由公安机关处五日以上十五日以下拘留，可以并处五万元以下罚款。

单位有前款规定行为的，由公安机关处二十万元以下罚款，并对其直接负责的主管人员和其他直接责任人员依照前款规定处罚。

阻碍人民警察、人民解放军、人民武装警察依法执行职务的，从重处罚。

第九十三条　单位违反本法规定，情节严重的，由主管部门责令停止从事相关业务、提供相关服务或者责令停产停业；造成严重后果的，吊销有关证照或者撤销登记。

第九十四条　反恐怖主义工作领导机构、有关部门的工作人员在反恐怖主义工作中滥用职权、玩忽职守、徇私舞弊，或者有违反规定泄露国家秘密、商业秘密和个人隐私等行为，构成犯罪的，依法追究刑事责任；尚不构成犯罪的，依法给予处分。

反恐怖主义工作领导机构、有关部门及其工作人员在反恐怖主义工作中滥用职权、玩忽职守、徇私舞弊或者有其他违法违纪行为的，任何单位和个人有权向有关部门检举、控告。有关部门接到检举、控告后，应当及时处理并回复检举、控告人。

第九十五条 对依照本法规定查封、扣押、冻结、扣留、收缴的物品、资金等，经审查发现与恐怖主义无关的，应当及时解除有关措施，予以退还。

第九十六条 有关单位和个人对依照本法作出的行政处罚和行政强制措施决定不服的，可以依法申请行政复议或者提起行政诉讼。